私は北京から
知青 新三届でした

黄 楊

はじめに

　新中国建国の後に生まれた私たちは、70代前後になった。食べ物、知識を飢餓の中に、幼児期、小中学生時代を過ごした。私たちは人類近代史に、空前絶後の文化大革命にも巻き込まれた。

　1968年から、知青という名を付けて、約10年間、中学・高校の学生が農業に下放されました。下放には4つの方法がありました。

　1つめは農村へ「插隊落戸拿工分養自己」。2つめは遠い国営農場、雲南省、新疆ウイグル自治区地方など、月に32元の給料。3つめは軍属農場、内モンゴル、黒龍江省、月に36元の生活費と軍服。　4つめは都市近郊の農場、月に24元。

　知青たちは、過酷、つまらない農業をし、性暴力を受けた女知青、事件・事故で亡くなった人もいました。

　1977年、11年ぶりに「高考」(大学入試全国統一テスト)が再開。最初の3年間は社会人、現役の高校3年生と一緒に受験し、入学することが原因で、新三届という言葉がありました。20人に1人の入学率。大学生になった知青は少ない。

あれから46年。2023年、日本に来て35年の私は、中国と日本の差は大きいと感じながら、自分が体験した中国、調べた中国を書きたくなりました。昔のことをまだ覚えているうちに。

黄楊

「私は北京から　知青　新三届でした」　目次

我々の暮らし　ひとり50後の記憶 ……………	8
北京四合院の悲惨 …………………………	15
文化大革命の破壊 …………………………	20
同級生たちの昔今 …………………………	31
日本と中国の違い …………………………	46
2023 失業の潮 ……………………………	66
格差と財政供養者 …………………………	68
出生・進学と就職 …………………………	69
医療・保険・年金 …………………………	70
貧しい人々 …………………………………	71
理不尽な事 …………………………………	72
貧　官 ………………………………………	74
企　業 ………………………………………	76
半導体開発の詐欺事件 ……………………	77
物価は高い …………………………………	78
北京戸籍は200万元の価値 ………………	80
大　学 ………………………………………	81
教育現場の不祥事件 ………………………	82
未成年者「失踪」行方不明増加 …………	85
黒龍江省の刑務所 …………………………	86
抗米援朝鮮戦争の損失 ……………………	87
周恩来総理逝世の後 ………………………	88
観光地 ………………………………………	90

中国サッカー ………………………………… 91
「砂嵐」黄砂 10 回 …………………………… 92
新華社の 10 問 ………………………………… 93
文革前の部級幹部 …………………………… 93
紅衛兵の「抄家戦果」 ………………………… 94
文革中の受害者 ……………………………… 94
中南海 ………………………………………… 96
国は貧しい状況なのに ……………………… 97
毛沢東、最後の秘書 ………………………… 98
中央文革小組と紅衛兵 ……………………… 100
中国人が知る北朝鮮 ………………………… 101
文革指導者の腐敗と文物略奪 ……………… 101
毛主席が選んだ後継者 ……………………… 102
最高指導者の料理人 ………………………… 103
造反派たちの部屋奪い ……………………… 104
Ｇ７広島サミットの写真 …………………… 105
中国とロシア ………………………………… 105
ソ連対中国、核の脅し ……………………… 109
中国の対朝鮮戦争の参戦 …………………… 110
中国対外援助の最多はロシア ……………… 112
暴雨後の盧溝古橋無難 ……………………… 113
古都の北京は今、大院乱立 ………………… 114
不動産の事情 ………………………………… 115

北京の大学は外遷加速 ……………………………… 118
政府系「央企業」の移転開始 ……………………… 118
四合院の家に水道を、洗濯機を使えるように …… 119
中国の民衆が改善したい事 ………………………… 121
国民生活と社会現象 ………………………………… 122
中国の幸福感 ………………………………………… 123
雑　記 ………………………………………………… 124
2024 年　北京見聞 …………………………………… 125

私は北京から
知青　新三届でした

我々の暮らし　ひとり50後の記憶

　私は50年代生まれ、中国では50後と呼ばれています。50年代、中国では四つの大きな出来事がありました。

　1952年、土地改革。3億の農民は7億畝の土地を獲得、1954年、公私合営、1957年反右派、55万人は右派になり、27万の右派は職がなくなり、31.5万人は中右派、右派たちは反社会主義分子、文化大革命中迫害を受けた。1958年の大躍進運動は人々を苦しめました。

　打士豪、分田地のスローガンで貧農たちは地主富農から奪った土地が人民公社の物になって、農業、工業は高い目標とノルマ設定、宝塔、城を毀し、工業建築材に。農民たちは集団で働き、自家の鍋も持ち出し、小高炉で溶かし、鉄の生産量にする。公社で同じ物を食べ、同じ分配、その結果人々の働く欲望がなくなり、農作物は激減。ソ連へ食料で債務還済の原因もあり、農村で約2000万人が飢餓で死亡した。当時の政府は3年自然災害と主張した。

　北京の住民は穀物の供給がありますが、蛋白質は極端に少ない。病気の浮腫(むくみ)などの人に大豆2斤を売りました。その時、人々は鶏を飼い、農田の蛙、ヘビ、鳥、セミを捕えて食べました。燕、喜鵲など縁起のいい鳥は食べない。カラスはまずいから食べない。母は私を連れて郊外の野原に馬歯莧（ポーチュラカ）、苦菜花（タンポ

ポ）などの野菜を摘み、スープで食べました。しかし幹部たちは毎月糖1斤、大豆2斤、12級以上は更に肉2斤、玉子2斤の供給がありました。1961年、北京の年間平均肉消費は1斤未満。

　数年後深刻な食料難はなくなりましたが、配給制度は80年代後半まで続きました。大人ひとりは月に約10斤の小麦粉、10斤米（タイ米のような物）とうもろこし粉8斤ぐらい、秋はさつまい芋を販売1人5斤ぐらい、油半斤、玉子5個、ねりゴマ2ｇ、春節に落花生半斤、ひまわりの種半斤、肉と魚は高価ですが、北京では制限はなく、一般市民は週に3回ぐらい少量の肉を食べ、年末だけ多少増量。

　外省市に住む親戚は冬に北京へ来て豚肉を買い、加熱して持ち帰る。しょうゆ、みそも。布の票、石炭購買証があります。農村の親戚は春節の前に来て石炭購買証を借り、「麻袋」で石炭を買い、自転車で持ち帰りました。腕時計、ミシン、自転車、家具の購入票は一般市民の手になかなか入りません。

　あの時代の人々の収入について思い出してみます。工場で働くの学徒工人、月に16元ぐらい。3年後工人になると36元になります。その「工資」給料は数十年変りませんでした。共産党幹部の工資は1955年国務院が発表した「工資制」の命令は一級（国家主席、総理、

全人大委員長)は349.6元、30級幹部は20.88元でした。
　中共中央幹部10級以上の人は特供があります。
　秘書、警衛、運転手、勤務員、家政婦、料理人、専用車、住宅、上海市幹部の住宅は特甲級200m²以上の大花園住宅、6級以上の人は100〜115m²の有衛生設備（トイレ、浴室）の普通「里弄」住宅、7級の人は無衛生設備の「石庫門」住宅、9級以下は板房簡屋。
　当時土地、房屋の市場借り、買売はありません。だれがどのような部屋に住むのか、全部勤め先が決めます。働き先は党の組織の下で、つまり党が決めます。80年代前後は日本のような不動産の店はなく、人々は公園の「換房」（部屋交換大会）で自分の部屋の情況を交流、交換しました。
　90年代、住まいを買う事ができましたが、当時の月収は100元前後、数十万元のマンションを買うのは高過ぎました。2000年に入って給料は月に数千元に上がったのに対してマンションの値は数百万元になりました。今は数千万元の北京市内の新築マンションは市民の手には届かない物です。結局多くの人は四合院か、浴室、洗濯機置き場所のないの中古マンションに住み続けました。広い住宅、多くの住宅を持つ人に、不動産税の納税制度はありません。
　60年代の四合院は一つの「胡同」に一つの水道。そ

の後一つの四合院に一つの水道に改善しましたが、各家庭の部屋、陶器の甕か、鉄の桶で貯水。なくなったら水を運ぶ。部屋の中に下水道もないから、汚れた水の桶も必要。その汚水でトイレを流す。トイレの坑内にトイレットペーパーを捨てず隅(すみ)の所に捨て、溜(た)まったら燃やす。燃やす時は広い範囲で糞の匂いがします。胡同の中に貯糞の井戸があり、週に一回の抽糞も悪臭。

　90年代以前に建てた一般市民用の集合住宅のトイレは洋式ではないため年配の人は大変です。上海などの都市は共同の洗濯機使用場がありますが、北京にはありません。人々は台車を作り、洗濯機を載せ、下水のところへ移動、面倒な上水のつなぎをして、洗濯機を使います。

　80年代の後半、私は上海へ旅行に行った時にびっくりしました。南京路隣り、石庫門住宅の親戚の家に泊まり、トイレは「馬桶」、木の桶、毎朝便と尿を指定の場所に捨て、洗って一日使う。「里弄」の中に男性の小便所があります。用を足す様子はまる見え、その尿は回収し商品にする。幸い南京路の百貨店は水洗トイレがあるから営業時間内に私はそこで済ませました。

　四川省の峨眉山山頂のトイレは怖過ぎる。巨大な糞尿の池に木の板の上を歩いて真ん中に渡して用を足す。その匂いで目が痛い。九寨溝へ行く途中の旅館のトイレは入った瞬間、大きなハエの群が飛び出す。そのトイレは

水がぜんぜん流せません。四川省は水が豊富なのに、三峡下りの船、三等客室の共用トイレは水洗ではなく、五等は最下等。

　90年代以前、北京の小中大学のトイレは一日一回、清掃員がホースを使い、トイレを流し洗います。トイレの隣にある8人部屋の大学宿舎は、その匂いのせいで真夏でもドアを閉めないといけません。もちろんあの頃エアコンはありません。

　水道とトイレのインフラ工事はとてもお金がかかります。北京と全国各地の人々はそんな苦しい生活を送る中、政府は巨額なお金を使ってアフリカのタンザニアとザンビアの鉄道、北朝鮮首都の豪華な地下鉄を建設、ヨーロッパのアルバニアなどの国々への支援も続けました。

　北京四合院の部屋の面積は3間で約36平方メートル（1間約12平方メートル）の部屋の使用ができれば、とても恵まれたほうです。知り合いは長い間申請しても、もらえないから遠くて、高い農民房を借りて結婚、出産しました。

　四合院住宅は厨房がなく、石炭ストーブは室外ドアの外。雨が降ったら大鍋や蓋をかぶる。冬は室内に置き、暖房と料理。

　80年代、ＬＰガスが売れるようになりました。最初は数が少なく高値でしたが、90年代に入り全住民が購

入ができました。皆、自転車を使いＬＰガスボンベを交換しました。冬、雪の上ではとっても危険です。

　このころの政府官僚たちはどのような生活環境だったかというと、私が住んでいた胡同四合院の道路の向こうに中央電視台（ＣＣＴＶテレビ局）、国務院、鉄道部の住宅大院がありました。私の姉はその内の人と結婚したので建物の内部を知っています。５階建てのマンション群の奥に２階建ての局長楼。部屋は５つ、広い厨房、浴室、都市ガス、木の板の床、四合院の部屋の床はタイル、レンガ、土など。

　北京の天安門広場を通る長安街の西、公主墳から空軍、海軍、通信、総後勤部、総参謀部の大院が続き、西山の山麓は北京軍区司令部の大院があります。私の大学の同級生がその中の大院に住んでいたので時々遊びに行って、浴(シャワー)を借りました。

　軍大院内には広い道路と並木、大きな浴場がありますが、北京市民用の公共浴室はとても少なく狭い。普段は週一回通いますが、往復で１時間。冬は髪が硬く凍ってしまいました。軍大院内には温水プールがあります。一般市民の水泳は夏だけ。私が泳いだ后海遊泳場の底は泥。

　軍大院内の商店に豚の肩肉、もも、すね、赤身が多いバラ肉、骨付き牛肉と羊の肉。いろいろ質のいい野菜と果物。私が見た事もない野菜と果物。我われ市民の店の

豚のバラ肉は赤身肉が少ない。豚の頭、耳、豚足、血どうぶ、豚羊の胃腸。野菜は小さくて古いじゃが芋、夏はなすと半分青いトマトは地面に置いて売る。春は花がある長いほうれん草。秋と冬は自家貯存大根、ねぎ、白菜。

　軍大院内では無料で外国の映画、日本の山本五十六、あゝ海軍、東京オリンピックなど見れます。一般市民は映画館で抗日、抗美（米国）、援朝鮮、ソ連、北朝鮮の映画。文化大革命から革命様板劇（げき）になりました。

　解放軍軍事科学院は三面小山に囲まれ、絶好の立地、内に花園住宅と高級別荘、大院より格別。北京市内、皇城内の中南海、市郊頤和園隣の玉泉山中央「首長」の仕事、住居、休養の場所、玉泉山で育った米、さつま芋、野菜、果物と鶏、玉子は首長と家族用。庐山、北戴河など中央首長の別荘もあります。北京市内に皇帝の弟、親戚の元住居、「王爺府」は中央常委の要人が入居。元大臣、太監（皇帝の使用人）の府院は高官が入居。

　1949 年共和国建立時、中国の人口は 5.4 億人。その後人口は急速に増加、新しい格差も急増。元無産階層は有産になり、資産が増え続き、元の資産階級は代々勤労築いた財産の没収は止まらず、敵人にされ、約 30 年間鎮圧と虐待されました。国の多くの人々は 50 年代から貧困な生活でした。

北京四合院の悲惨

　私は北京の四合院で生まれ育ち、日本に来る前の30年間、四合院に住んでいました。四合院は美しい、北京の代表的な住宅。同じ灰色の厚重感ある壁と瓦屋根、一つの敷地の中に東南西北、4つの平屋が向かい合って建っているのが一般的。三進、五進の深宅大院もあるし、一進の南向きだけの小院もあります。入り口は一つ。

　私が住んでいたのは3つの四合院が繋がっている大きな四合院でした。石の階段、黒い木の大門。7世帯でした。房主（オーナー）は父の大学の同級生だから奥の南向きの部屋でした。四合院の広い内庭は棗（なつめ）の木、桑の木、葡萄の棚、金銀花の棚、花と果物が楽しめました。

　この四合院で一番大きな部屋に住む人は国民党北京軍区司令傅作儀の部下、元軍官のマおじさん。北京和平「解放」の時に生活が保障されたそうです。マおじさんは時々北海公園内にある上流社交場へ行ったり、家で文を書き、花、野菜を植え、楽しい生活でした。マおじさんの妻は学校の教師、長男は清華大学、長女は政法大学、美人で学校の校花（ミス）に選ばれました。次女は私より2歳上、一緒に葡萄の棚の下で宿題し遊びました。

　四合院房主の父親はフランス領事館に勤め、この四合院を買いました。57年に右派になった房主は仕事がなくなり、自宅で民族楽器の教室を開き、二胡で優美、悲

傷な曲「二泉映月」を時々演奏しました。家賃収入で生活ができたそうです。

　四合院は不便な所があります。水道は室外で共用、1つしかありません。冬は水が凍らないように朝、水栓を開け、夕方水栓を締め、その作業は地下2メートルの井戸の中で行います。真冬の北京は昼でも零下10度ぐらいのため水が凍ってしまい、お湯を掛けるか、薪に火をつけるとか、溶かさないと水が出ません。

　冬の暖房と料理は室内で石炭ストーブを使いますが、煙で部屋の汚れがひどく、気をつけないと一酸化炭素中毒で毎年人が亡くなる事があります。

　トイレは前院と後院に2つあるが水洗ではない。

　文化大革命初期、黒五類（地主、富農、反革命、右派、壊分子、資本家など）、紅五類（工人、貧農、軍人、幹部、共産党員、下中農など）といった階層を分類する言葉が生まれました。うちの四合院は紅五類はいません。

　私の父の祖上は農村で漢方医と漢方の薬局を営み、祖父は上天津で土地、建物、車を買い、「車行」を始めました。父はアメリカ人が作った燕京大学（1919年成立後、更に米国で募金運動十数回と資金を集め、米国の著名建築師の設計で1926年完成。世界で最も美しい大学校園と評価され、世界で一流の大学地位にも達しました。1928年、ハーバード燕学研究所設立。燕園中の未名湖

畔の博雅塔の内部は供水塔、教学棟、学生宿舎は全て中国の伝統的建築ですが、内には西洋風の暖房、照明、電話と水洗トイレ）の医学科に入りました。1952年、北京大学は燕大と合併、当時中国最大のキャンパスの燕園に入りました。清華大は燕大の工科を受け入りました。

　中華人民共和国建国後、祖父の財産が没収。車行は公私合営され、小資本家なので父の出身は黒五類に近い。私の母の父親は旧軍官、反革命の罪で投獄され、母の出身は黒五類のため、これが原因かもしれないが、父は母に冷たくなって、私が1歳の時に父母離婚。富裕な生活から一変、母は製紙工場で働き、ひとりで3人の子どもを育てました。父から生活費をもらったけど母はたくさんの苦労をしました。

　文革中、私の家は大丈夫でしたが、マおじさんは迫害を受けました。ある日の午前、大きな騒音がしました。大勢の男女紅衛兵がうちの四合院に突入し、マおじさんと妻の王老師の家に入りました。一部の人は外で二人を殴り、一部の人はマおじさんの家を「抄家」しました。バーン、バーン、バーン、紅衛兵たちはベルトを使って何時間も殴り続けました。マおじさんと王老師は何の声も出ませんでした。午後、紅衛兵たちが去って行きました。マおじんさと王老師は悲惨な様子、服は破れ、頭と体から血が流れていました。王老師の髪の毛は半分剃ら

れて、真白の部分と半分残して、黒い「陰陽頭」になりました。二人の首に重い木の板を掛けさせました。「国民党特務の〇〇〇」と「国民党老婆との〇〇〇」と書かれました。マおじさんの家の中の家具が倒れて貴重品が持ち去られました。翌日マおじさん一家は農村へ強制労働。家の中の物はただのように、紅五類たちに売りました。

　この四合院の房主も抄家さえ、家にある物を没収され、四合院の房地産を「充公」され、本人と家族は農村労働。

　四合院の空になったマおじさんの家は居委会の主任、房主の家に三輪車を使って荷物を運ぶ仕事をする運搬者が入りました。

　文革中、居委会主任の権力は大きかったのです。土地建物の使用、分配は全部主任が決めました。主任は紅五類の出身者から「派出所」警察所長が任命。私の四合院に入った主任の夫は建築業の工人でした。その主任の家に毎日沢山の人がゴマすりに来て、家事を手伝い、物を贈るなどしていました。

　主任の長男の結婚式を四合院で行った時に、胡同から十数人ぐらいの紅五類が手伝いに来た。掃除、飾り、料理、後かたづけ等、何でもやり、主任一家は物、金銭をもらい、座って話すだけでした。ゴマすりの人々は目的を次々と達成。

まずは黒五類の空家に「輩々紅」の紅五類（先祖も貧窮の人）が入居、引越した紅五類の家は一般の紅五類が入り、黒五類出身の商人、知識人、走資本主義道路の当権派家も紅五類と強制的に交換させられ、更に家を持っていない紅五類の子どもは結婚のため、広い家を持つ黒五類の出身者からただで一部屋を貰ったり、お寺に住居し、他人の四合院の空地に家を建てました。

その大量の不動産の変動は全て、その主任の一言で決まります。土地と建物は持ち主の先祖が代々苦労して築いた財産ですが、文革中「天下大乱」の時代は一夜で他人の物になりました。

うちの四合院は主任と運搬者が入ったから模様はすっかり変わってしまいました。運搬者は自分の三輪車が入れるように石の階段を斜面に改造し、木を切って庭の中に小屋を建てました。主任の知り合いが、後院の庭の奥にも小屋を建て、結婚用にしました。大門を開け放ち、この四合院は昔の緑、香り、静寂はなくなりました。

1976年私の家は他人と換房し引越しました。1996年、北京のマンションを買い四合院を離れました。1997年、日本から里帰りの際に昔の四合院を21年ぶりに訪れました。想像以上に狭く、古い「大雑院」になっていました。粗末な小屋が数えられない程建てられて、通路は迷路のようで、元の建物の姿は見えなくなりました。

昔の住人は殆どが引越し、残った人が、この四合院の状態を教えてくれました。「あなたの家と交換した人は自分の家の周囲に3軒の小屋を建て、その中には3階建てもあります。地上2階、地下は防空洞を利用」

　文革中に一番良い生活をしていたあの居委会主任のことを聞きました。権力がなくなった時、驢(ろば)のように地面を転げ回って、泣き叫びましたが、以前の紅五類の連中はだれも来なかったそうです。

文化大革命の破壊

　文革は1966年5月から1976年10月まで10年間続きました。1976年1月、周恩来逝世。9月毛沢東死去。10月、江青の逮捕で幕が引かれました。

　1966年の初夏、北京大学で1枚の壁新聞「大学報」が貼られた後に党の主席毛沢東はその大学報を書いた北大の職員、学生たちと会見。あれから各大学で大学報を広めました。内容は日々具体的に「劉少奇反対偉大領袖毛主席罪該万死」など。

　数日後学校は「停課鬧革命」、授業停止後、軍人大院高官出身の学生は紅衛兵を結成、造反が始まりました。走資本主義道路の当権派、国家主席の劉少奇は紅衛兵たちの暴行で死亡。北京市長らを批闘され、学校の校長、黒五類関連の教師もベルトで殴る、蹴る、男子校は教師

に小便をかけるという虐行がありましたが、女子校の校長は先に打死。

中央政府は文件を発表、紅衛兵の活動阻止を禁止、紅衛兵へ協力、保護を求めた。毛沢東は8回天安門城楼で、全国からの紅衛兵約1000万人を接見し、北京の学校の教室は学生の泊まり場になった。すべての列車、バスは紅衛兵に無料、全国一片紅のスローガンで紅衛兵たちは「破四旧、立四新」の行動を展開した。

敵の黒五類を暴行。お寺、教会、古い洋式建物を破壊、壁画を白漆喰で塗った。人々は抄家や、殴られるのを恐れ、早めに文芸、歴史の本を重さで廃紙として売り、洋画、美術品を処分し、隠した。すべての家庭は毛沢東肖像一色になった。1966年8月、「改名」の月になった。地名、公共交通線路51の商品名も変更され、開業100年以上の老舗の看板を破壊された。

書店は毛沢東著作、マルクス、レーニン、魯迅の本ばかりになった。後で知りましたが、我われ全員が買った毛主席語録は毛沢東の稿費収入になっていた。文革後も大学工学部、教員室の中に数十冊も毛沢東全集の精製本がありましたが、使い道がないから皆で実験室へ運んだと、私の夫が言っていました。

社会中文化財を破壊する中で康生（中共中央常委）らは王爺府に住んで、故宮博物院の皇家所有品の気にいっ

た物を数元で買い取り、自分の物にしました。康生は毛沢東と江青の紹介人。毛と江は20才以上の年齢差。江青の以前の名前は李雲鶴、知り合いが付けた名前でした。本名は李進孩。江青の母は康生家の元家政婦。江青の学歴は、小学校と演劇者の養成校でした。江青の芸名は藍蘋。康生の得技は「整人」気にならない人を排除、しかも手段は非人道的。

　文革中反革命行動罪で10402人死刑、約40万の元国民党軍人と家族は迫害され、共産党内の元仲間とも「走資派」で失職、殴られ、労働改造に、虐待に耐えられない人は次々に自殺。教師、科学者、文化人、芸能人、作家など。

　文革が始まり政治査を実施しました。家庭出身（紅五類か、黒五類か）政治面貌（共青団員、共産党員か）、社会関係（親族の人の出身、台湾、アメリカの敵国に親戚がいるかどうか）、大学入学、就職の時、政審で決まる。

　5.16清査運動は人々を煩せました。自分の履歴を詳細に書く、提出、勤め先の党の幹部は出張調査、反革命の疑いがあれば失職、農村へ労働改造。

　1966年の冬、大院出身の紅衛兵たちの親も続々と失職したから、沈んだ気分を取り直す為、再造反、首都紅衛兵連合行動委員会で行動、人呼んで「連動」。しかし胡同出身の紅衛兵が抬頭、対立が頻繁に発生。たくさ

んの武闘の後に2つの集団の決着の日が来た。大院の約200名の紅衛兵は相手の首領を包丁で殺した。「小混蛋殺死事件」は北京を震撼させた。復仇の為に胡同者は「菜刀隊」で対抗、小混蛋の弟はまだ殺され、武闘は激しくなった。連動の紅衛兵たちの首領は江青に不満の文句を言ったため反動組織として逮捕されました。

　全国の武闘は長く続きました。北京の学生たちの武器はレンガと鉄のフェース。授業停止でする事のない小学生の男子学生は武闘を見るのがおもしろい。あちこちの学校の武闘情報を話しました。別の市、省は銃を使い、たくさんの人が亡くなり、四川省、重慶市は約400名の紅衛兵の墓がありました。学校内の建物も壊されました。軍隊工人宣伝隊が各学校に進駐して武闘を沈静。

　1968年から二千数百万人の高校生、中学生は知青として各地の農業へ下放になった。学校は授業を再開しましたが、受験は廃止、大学生は社会人の工人、農民、兵士と青年幹部から推薦入学と政府は言いますが、実際は党政幹部の子弟、共産党員、紅五類の出身者が大学に入りました。これは後で知った事です。

　1969年の冬、大学、研究所の人たちは「五七幹校」へ下放労働が始まった。大都市の家を退居、遠い農村へ移住させた。私の夫は大学の大院出身ですが、親と一緒に江西省の五七幹部へ下放させられた。

列車を乗り2日間、農村に到着。「礼堂」大きな会議室は住まいでした。暖房もないから、手足が凍瘡、男性の親は部屋を建てるのが仕事、女性の親は畑で労働、小中高校の学生たちは学校へ行く前に糞を運び、レンガの運搬もしました。電池など生活用品を買うのは日曜日。一日かけて鉄道の線路の上を歩き鎮の店へ。切符を買うお金がないから。月に一回映画を見るのが一番の楽しみ。大雨の時は、川を泳いで渡りました。大勢の人が集る野外の映画放映場は、北京帮と上海帮の武闘がたまに発生。北京帮の武器はレンガ。2年後、五七幹校の人たちが北京に戻りましたが、住居がなくなり、学生宿舎でしばらく我慢しました。

　北京市海淀区に約3キロの「大学城、学院路」があります。共和国建国後の50年代、北大、清華、燕京、輔仁などの大学を合併、新組して八大学院大学の北京航空学院、北京医学院、鉄鋼工業、地質、鉱業、石油、農業機械化、林学院が誕生。

　文革中の1969年ソ連の核威嚇の原因もあり中央政府の「城市疏散」の指示で農業、鉱業、地質、石油の4つの大学は外省市へ遷移。70年代末、文革が終った後に、その4つの大学のうち3つが元の場合に戻りましたが、1つは遠い郊外へ。校園の中巨樹は伐採されたそうです。

　文革中毛沢東はこんな指示をしました。資産を持たな

い貧しい人は社会全体を支配、権力を拡大すべきだ。その結果、科学、教育、医薬、文化界などは紅五類の管理になって縮小しました。

中国科学院だけで、1965年の6万人から1973年の3.5万人に、経費は3.55億元から1.6億元に、研究機構は105から53に、科学研究は半停止状態になりました。

私たちが小学校4年生の時に、再開した授業はつまらない内容。毛沢東の「老三篇」の暗記と皆の前で発表する国語は学生たちは静かでしたが、算数になると雑音がひどかった。体育は軍隊のように「正歩走」が多く、美術と音楽の授業は少ない、月に一回農村への労働をしました。

年に1回の「拉練」はつらかった。北京から郊外の農村へ数日間、掛ふとんを背負い歩く。汗がたくさん出ても飲む水がない、食事は生ぽいの小麦粉ととうもろこしの粉のまんじゅう。スープは塩水のような汁、具は少量の大根と葉、足の裏にまめができて痛い、女子の生徒は生理用品の交換は難しい、固くなった生理帯（布で作った物、中に柔紙を入れたもの）は皮膚にあたり痛かった。日本のような柔らかい、使い捨ての生理用品は90年代から使いました。村に泊まって、夕飯の後に放送が始まる。「全体地主富農、大隊へ集まれ、清掃が始まる」黒

五類へのいじめを感じました。

　私たちの高校時代「批林批孔」運動がありました。林彪は国防部長、軍委副主席、毛沢東の後継者、ソ連へ逃走中飛行機の事故で妻と息子三人が焼死した。孔子は中国の偉大な教育家、歴代皇帝は「至聖先師」と賛賞した。当時孔子の論語三学経はどのような内容なのか、学生たちは知りませんでした。批孔は実際に周恩来総理の暗指だそうです。

　文革中、異常な事がありました、学生と若者は自分の名前を変えました。紅、忠、志、軍、永革、援朝（鮮）超美（米国）の文字が多かった。夜遅く、毛沢東の最新指示発表を祝い、鑼鼓を叩き、行進しました。大院の場合、爆竹を配り、男子学生がやりました。

　高校生の私たちは毎年数週間の農村と工場での労働以外に週に一回校工場で働きました。小部品、日常用品を作る作業で手は黒い油で汚れ、石鹸で洗っても爪の囲りの黒は落ちません。時々危険も伴い、私が鋭いねじで親指、夫は機械で爪を負傷しました。

　私は将来いい大学に入りたい夢を持って勉強、労働、体育の全優で六年間三好学生でした。黒五類出身のせいで、三番目に遅く共青団員になり、団の幹部、学校委員を担当しました。高校卒業の秋、私たちは北京市遠郊の山中の村へ「插隊」下放しました。

北京からバスで３時間、万里の長城を超えて、山の麓の公社に到着、荷物は驢に載せ、山道を約２時間歩き、小村の生産隊に入りました。土で作った低い小屋は私たち「知識青年」の住居でした。

　冬になる前の労働は牧草を刈り運びます。鎌を握る右手はまめだらけ、左の手は鋭い草の縁で切られ、度々血が出ました。山の冬はとっても寒く、部屋中の水缸の表面の水が氷になりました。

　数日に一回、早起きして山の奥へ行きます。斧で木を伐採し村へ運ぶ。寒風の中、眉毛に白霜が出来、山の斜面の石にも霜がつきます。

　ある日、私は石の霜で滑ってしまい、木が川に転落しないように肩から落ちた木を手で抱かえ、転んだ瞬間に重い丸太は私の小指を打ち受傷しました。小指の関節の筋は今でも真っすぐに伸ばす事ができません。ベルトに掛けてあった斧で腰を傷つけなかったのは幸いでした。

　労働の後は水を運びます。村の下、川近くの水場から水を取り、大きな重い鉄のバケツを天秤棒にして両端に掛け、肩に載せ、石の斜面を登る。部屋まで 20 分。

　冬の仕事は糞から肥料を作る。豚、牛、羊の糞、人の下肥と土を混ぜる。発酵堆肥させた肥料は全部硬く凍ってました。それを鎬で崩し、鍬で広げ、溶けたら木槌を使い更に小さくして畑へ運ぶ。この作業は手袋なしで行

い、手足に軽い凍傷が起き、夜は痛痒い。

　半年後、レンガの部屋が建てられ、私たちは引越しました。新聞もラジオもない山村、知青宿舎は村民の暇つぶしの場所になった。村のいろいろな事を知りましたが、シラミも移されました。

　村の「光棍」独身男性は15人いますが、「姑娘」未婚の若い女性は2人だけ。それを奪うのは隊長の長男。公社で働き、結婚して子どもがいるのに、村に帰る時1人の姑娘を妊娠させ、生まれた赤ちゃんを死なせてしまいました。村の一番の美男子は軍隊から「復員」退役、村に戻り、すぐその姑娘と恋に落ちました。隊長と長男は公社と県へ告訴し、非行の理由で彼を逮捕、寒い監獄の中、凍傷で足の小指が無くなりました。

　隊長の次男はその姑娘の部屋に窓から侵入、姑娘は次男の子を産み、嫁になりました。隊長の四男はもう1人の姑娘の部屋へ侵入しましたが、父親は娘を守り、山下の村へ娘を嫁がせました。隊長の三男は手に障碍があり、この村へ移住した人妻と不倫、その人妻の家の土地は隊長からタダで得た事を皆は知っていました。

　村のトイレは家の裏、柵の左は女性、右は男性、屋根はない。坑がない、地面の空いている場所を探すのはいやでたまらない。糞の型と匂いで窒息しそう。各家庭は豚を飼うので村中糞尿臭い。

村の人たちは貧しく、服はボロい。冬の間は体も服も洗わない。毎日の三食はほぼ同じ物を食べる。煮たじゃが芋にとうもろこしの粉をかけたものが主食。野菜は大根と大根の葉の酸っぱい漬物。油、肉、豆類はなく、玉子は現金の収入源だから食べない。肉、まんじゅう、麺を食べるのは春節と祝い日。

　ある農民は不満を言いました。昔はもち米を食べたけど今は食べられない。公社で決めた物しか植えないから。

　毛沢東の指示「接受貧下中農の再教育」我々が農村で見た貧農たちは無知と無法、横暴の幹部隊、人民公社のせいかもしれないが、農村の無産階級は「懶惰」なまけ者でした。

　春の農作業は「薅地」春鋤はしゃがんで「小鏟」スコップを使い、草と要らない苗を取りながらの耕作。腿が途中で痺れ右手の小指と薬指の外側にも硬いまめが出来てしまいました。

　夏鋤は大鏟を使い、身長より高いとうもろこし畑に入るととても蒸し暑く、枝葉の微毛が顔を刺し、痒くて痛い。草の根は土の中に深く伸び、全身の力を込めてやらないと草の根を切れません。途中で力が抜け、死ぬほど辛かったけど一日一日我慢した。推薦で大学に入る夢があるから。

　私の夫の插隊下放先は北京の近郊、大きな村だから、

まず地主、富農を知青の前に呼んで来て、その人たちは敵と告げました。

　男知青の住まいは改造した牛舎の隣、看人の部屋、ねずみ、虫は出入り自由、全員アリに刺されたから、男知青の対応は土のベットの囲りに殺虫粉を散布、ねずみの穴に先端裸の電線を置く。冬、寒さを我慢できないから、ある人は電球で暖を取り服が燃えました。

　平地の村は「人多地少」知青と農民は一緒に出稼ぎをしました。「挖河」人力で小さい運河作りは人気、まんじゅうが食べ放題だから。報酬が高いのは運搬作業。重荷物を肩に載せ、木板の斜面を登り、トラックの車台へ、知青は怖いから塗装をしました。一年間働いて翌年の食費を引いて、残った現金は一元未満、男知青はマッチを買う人がいました。

　女知青の住まいは農民の家、顔のいい人は隊長、書記に選ばれた。ある村の幹部は女知青に性暴力をしたから男知青は畑を荒らし、豚と鶏を毒殺しました。

　男知青の夜は一緒にタバコを吸う。吸わない人は紙で煙葉を巻く、部屋は暗いため、勉強する人はいません。女知青の夜は編み物する人もいるし、売春する人もいたそうです。文革は若者の青春も破壊しました。

　ある人の回顧録の中に文革初期の紅衛兵の今を書きました。菜刀隊の首領はいろいろな失敗を経て、今麻雀店

を経営。昔の親友は精神異常症、時々涙が止まらない。一代の学生たちは知識、技術、仕事らしい経験を身につけないまま、70代の後半に入りました。文革の使い捨て、悲しい運命です。

40年前の党中央はこのような発表をしました「文化大革命是一場由領導者（毛沢東）錯誤発動、被（江青ら）反革命集団利用、給党、国家和各族人民帯来厳重災難的内乱」2年前、この内容は高校の歴史教科書から消え、2022年9月1日、新しい教科書に戻りました。

今中国で「碰瓷」という言葉があります。文革中の紅五類の子どもたちは人、社会を破壊する習慣がまだ残っています。彼らは悪い事をしても恥を感じない。注意されでも変らない。逆切れ、偽交通事故で賠償を騙し取る。人々はこう言います。これは文革が道徳を破壊したことによる後遺症だ。

同級生たちの昔今

1977年の冬、鄧小平が最高権力者になって11年ぶりに「高考」全国の大学入試統一テストが再開した。12月10日、約570万人の受験者が試験を受けた。入学できたのは27万人。4.8％の狭き門でしたが、この数字よりもっとたくさんの若者が受験をしたくても、できない原因があります。11年の歳月、農村での過酷な

労働は人を変えてしまいました。その年、紙不足のため毛沢東全集第5巻の出版を延期しました。

　私の夫は金の77級生になり、山の奥の村で働いていた私は一回目が失敗、北京に戻り、道路工事現場の労働者に。

　工人になった私は給料を貰い、肉、魚、玉子を2年ぶりに食べられて嬉しかった。しかし労働の内容は大変、シャベルで砂利を掬い上げる音が嫌で、畑の仕事の方がましと思いました。市内各地で仕事をするので路上で食事をする時も、私は他人に見られないように帽子を深くした。知り合い人に見られたくない、それでもがっかりな事があった。北京市中心車公庄道路を施工中、路南にある中共中央党校の学員たちは休み中に外の現場作業を見に来ました。「〇さんではありませんか？」と私の名前を呼ぶ声がきこえた。人群の中から学校の先輩が現われました。高校の時にイベントで知り合った人で、彼は1人っ子で親は幹部、だから農村への下放へ行かず区役所の公務員になりました。白い肌、清潔な服、良い仕事をしている彼と比べ女性の私は室外で肉体労働、自分が可哀想に思うと共に落胆しました。

　私は学生の時から何でも積極的にやって来ました。農村でも一命懸命で頑張りました。けれど今までの努力は何も認めてもらえない、農村の労働者から大学推薦入学

は夢でしたが、いきなり受験の点数で大学入学になりました。

　今の仕事は一生するのか？　もう一回受験をするのか？
　私の同僚は仕事を休んで受験勉強に専念しました。彼の親は幹部、私は怖い。その時の北京は「待業青年」就職浪人が多く、なかなか国から仕事を与えられない。私たち知青は国営公司に入って恵まれた方です。もしクビになってこの仕事を失したら二度と就職が難しい。私の母は権力もないし待業青年と同じ路上で三輪車の荷台で果物を売る。茶水を売るしかない。職場の先輩は教えてくれました。真面目に仕事をすれば建築機械の運転手になれる可能性があります。

　私には仕事を失うことは許せない、母に負担を掛けたくない、でも大学に入るのは幼い頃からの夢、仕事と勉強を両立すると心の中に決めました。高校の教科書はすでになくなり、本屋の受験用書籍は薄いものが一種類だけ、私は友達から高校の練習問題を借り、独りで勉強しました。食事時間、睡眠時間を削り、若い娘の私は作業服のままバスで通勤しました。

　工事現場の仕事に慣れたら誇りを感じるようになりました。

　農作業より騒音が大きく、空気が悪いけど新しい道路が完成した時、胸を張り私もこの道路を建設した一員で

す。道路工事のコストが高い事を知りました。こぶしの大きさの石は山から採掘され２個の石はまんじゅう１個と同じ値段、一級道路はその石を何十センチも敷き、その上に小石、砂利、タールの順で積む、石の山を見てその石をまんじゅうに変えて農民に食べさせたいなぁと思いました。

　２回目の受験日がやって来ました。私はおちついて試験場に入りました。案外問題は基本的なものばかりでさほど難しくなく、学部を選択できる点数が取れたので、どこに入るのか迷いましたが、考えた結果、父と同じ医学部に入りました。

　素敵な大学生活と思いましたが、実際は大変でした。私の黒い顔は学年中でも目立ち、私の手は黒くて硬い、赤い人参のような手は同級生の前に出したくない。

　初めて解剖室に入った時、強烈なホルマリンの匂いで目が痛くなり、涙が止まりません。遺体の解剖臓器の標本を見て食事ができない人もいました。生理学は恐しい実験がありました。太い針で生きている蛙の脊髄に刺し、太ももの筋肉を取り、電流を流す。（日本では気体麻酔をしてからする）ほかに兎の耳から採血、マウスの内臓摘出、牛の眼球の解剖など。呼吸器内科で実習する時に、指導の先生は入院患者の痰から感染菌を判断することを教えました。「痰の色を見る、匂いをかぐ、菌の種類が

分かれば早く投薬する、菌培養結果は遅い」

　手術の見学は苦しい体験、慣れない私たちは照明のライトが眩しく、患者の腹部が20センチ切開された瞬間、黄色の脂肪が見えました。すぐ血が湧出、ガタガタと止血ベンチの音、術者の手の動きが美しい。私は臨床実習の時、虫垂炎5例、出産9例、不妊手術3例を助手でしました。

　同級生たちは年齢の差が大きい。16歳の違い、上は36歳を超え、結婚、子ども持つ人もいました。都市で職歴が5年ある人は毎月給料を貰えますが、農村からの知青は貰えません。私の同級生の1人、父親は中国で有名な病院の院長、叔父は全国政協副主席、彼女は大学3年生の時アメリカへ留学、向こうの医者になりました。

　私の同級生、4組のカップルは卒業と同時に結婚しました。残念な事で、3組は短い期間で離婚しました。最初は医学研究所に就職した人はイギリスへ公費留学した後に「下海」現地の留学生仲介業者になり、高官の娘と離婚、次は同級生中に唯一の共産党員、彼女は軍の病院からアメリカへ、年下の夫はオーストラリアへ。2年後ふたりは離婚しましたが、元夫は北京に戻り、結婚した同級生組の女性に猛ダッシュ、結局その女性は夫と別れ、彼と結婚しました。その女性が一流の病院に入れたのは元夫の親の援助なのに。

私の夫の大学の同級生の１人は四合院に住み、自慢は妻の炸醤麺料理。高官の息子の同級生はサッカーで骨折したから皆で彼の家へお見舞に行ったところ、立派な「洋楼」住まいに開眼した。ある同級生の父親は農村の党委書記で、献血の時、村の若い男子数人を連れて来た。「うちの息子の変りに」当時、中国の献血は義務制。その息子は卒業後、地元の工場長になり、北京戸籍も取得、満足した。しかし鄧小平の政策で土地の売買が自由になり、売地の大金は村戸籍がない人は貰えない。その同級生は激怒、音信が絶えました。大学教師になった同級生は共産党員、公費でアメリカへ留学、博士号を取った後にその大学の助教になった。もし帰国する場合、早くも教授に就任の予定。

　30人ぐらい同級生の中に専門技術で仕事する人は２人だけ、政府高官になって高級住宅に住む同級生は退官後、年金は月に１万元以上（約20万円）をもらえる人がいれば、公司に解雇され年金額３千元（約６万円）の同級生は数人います。

　５年に１度の同級生集会の時にいつも洋楼に住む政府係投資公司の董事長が「買単」支払い、高官の同級生は中華、パンタのタバコを愛煙同志に配る。大学教授は食べ残した肉魚を「打包」して持ち帰り「翌日のおかず」に。清華大学で博士号を取り、起業した人は顔色が悪い、「商

談の時、お酒を飲み過ぎたせい」。

　私の高校生の同級生の中に軍高官の娘がいました。実子ではなく、父より約30歳若い母の養子、娘に共青団員になって欲しい為、卒業前にその母親が入団紹介人の私を自宅に呼びました。北京市中心、西四北にある立派な胡同の中に軍の住宅がありました。「人民解放軍」が進北京後没収した四合院、同級生の家は精美な二進四合院、前院は兵士3人、後院は同級生一家、私は彼女の入団を全力で手伝うと言いましたが、本人は農村への労働に行かず、勉強の成績が良くない、体育でも動きたくない。「我家塩漬けの鴨玉子、色が良くないものは捨てるのよ」食事の時、彼女のこのような話しは皆をびっくりさせた。だから別の団員の反対で彼女は入団できませんでした。しかし50年後、彼女の事を聞きました。高校卒業後、軍に入り、団級幹部の待遇（年金月20万円以上）で退役、今北京紫竹院公園の近く、軍の幹休所で母親と一緒に住み、私たちより良い暮しをしているそうです。

　夫の実家、大学大院の隣りに軍の大院があります。その中の高校同級生の1人は高卒後軍の企業で働き、50代で解雇担当になった、工場の何十人をクビにした。仕事はつらいと言いました。その同級生は60歳定年退職。年金は月に5千元ぐらい、大卒で解雇された同級生より2千元高い。別の待遇もあります。軍の住宅で事実上永

世居住権があるのに「無房戸」にされ、子どもは割安で購房ができる。四合院で $10m^2$ 未満の持ち家があれば「有房戸」子どもは高い価格で住宅を買うしかない。

　夫が言った、あの軍の大院のマンションは大学の教授楼より部屋が広い、設備がいい。軍の資金があるから周囲の農地を買い取り、北京最大の軍の「幹休所」を作り、土地を売った農民は新車のベンツで出勤、大院の清掃の仕事をしている。大学は土地の購入もできないし、構内に低い住宅を高層マンションに建て替えもできない。軍大院は日照と風水の理由で阻止しました。

　文革後なぜ大勢の若者は苦労して手に入れたいい仕事をやめて、外国へ行ったのか？　先進国は中国より高収入で、生活水準がいい、と思う人がいれば、外国の自由な空気が欲しい人もいます。

　外国へ行くには大金が必要、日本の場合、仲介人に支払うのは1万元（約20万円）ぐらい。当時大卒の給料は65元、外国へ行くと、住まい、学費、生活費などいろいろ、自費留学の人は皆アルバイトをした、最初、言葉ができないから、皿洗い、工事現場の清掃の肉体労働。本国では技術者、教師、弁護士、医師なのに。

　私はいろいろなバイトをした、中国のマッサージもできるから何とか乗り超えた。日本語学校2年、コンピュータ専門学校1年、大学医学部の訪問研究員になった。そ

の間に私は自分が見た日本の病院の先進医療を文にして中国の中華医学、国外分冊で発表した。手術のビデオ、日本の医者からもらった中古の手術の道具を私の北京にいる同級生に渡した、私は日本で医者の仕事ができないから日本の医療関連会社に就職した。

　夫はカナダへ訪問学者で出国した。向こうの大学から生活費をもらうけど、少しいちご摘りなどのバイトをしました。時給10ドル。ある日、同じ大学の博士課程の留学生から依頼がありました。テストの前に私のかわりに店の皿洗いのバイトをしてくれますか？　夫はＯＫと彼を応援しました。その人は博士号を取りましたが就職ができず中国へ帰りました。北京で建設の公司を設立。でも仕事がもらえず下請けの設計として収入は少ない。

　6.4天安門事件の後、カナダ政府は中国の留学生らにカナダ国籍を与えた。するとアメリカから中国人が殺到。カナダ国境は中国人を封鎖する事態になった。中国系カナダ人になった人は喜んだが、仕事のない現実に苦悩した。ハンバーグ１個５ドルのお金を惜しみ、池で魚を取って食べる人や、浴槽でもやしを作る人など。結局中国へ帰った。親戚の兄妹はその中のふたり、中国を出る前は医者でしたが、戻った後は事務職。その反面、コンピュータ、理工系、基礎医学の留学生は就職ができました。夫の大学のトロート同窓会は400人以上、清華

大学は3000人以上。私の夫は日本の工業ソフトウェア会社に入りました。

　夫の日本にいる軍大院出身の同級生は私たちと違い、農村の下放插隊へ行かず、高校卒業後直接コンピュータの仕事へ、その後公派として日本で働き、その後日本の大企業に就職。そのような楽な経歴の彼ですが息子の事に悩まされた。息子はアメリカへ留学、親の貯蓄を費し、学位も就職もできずに日本へ戻り、大学をやり直す。

　私の医師たちの同級生はアメリカの臨床検査助手、日本の看護助手など高学歴、低就職。

　90年代、中国より日本の給料が高いですが、今は逆。北京の主任医師になった同級生は3つのマンションを持ち、高級車3台。外国にいる中国人、さまざまな不利な事発生、中国を出入国する時、強制健康検査を要求された時期がありました。指定した病院に約200元の費用を払い（当時、北京市民2ヵ月分の給料）、長い列に並んで皆暗い顔、採血の痛みで泣いた女性がいた。

　私たち家族は北京から日本に戻る時、空港で席がないと言われ、1人3万円で9万円を追加支払い、エコノミーから無理やりビジネスクラスへ変更。あれから中国民航の飛行機には乗りたくない。今外国永住権を持つ中国人は中国戸籍を抹消する政策を実施。こうやって、以前中国に15年分の年金保険料を払った、外国に永住の中国

人は中国の年金がもらえなくなった。すでにたくさんの人は苦労して中国で戸籍復活して、さかのぼって保険料を支払い済みなのに。

　私は日本に来て35年、医者の仕事ができなくて悔しいですが、日本人の嫁さん（内科専門医）は私の料理を「絶品」「感動」と言ってくれたから今楽しく健康でおいしい料理を作っています。

　私の息子は日本の外科専門医、仕事は過酷、残業年間960時間、月80時間の過労死ラインを研修医の時超えました。けれど本人は明い表情、ある日、ひとりの弁護士が訪ねて来ました。「病院に時間外労働の残業代を要求しませんか？」息子が言った「残業は自主的にやった、勉強の為に」息子は朝8時出勤、土、日、祝日の午前はほとんど休まない、彼にはひとつの流儀がある。手術の翌日、その患者を激励の為、患者の手を握って様子を見ながらベッドから起こして一緒に歩く、こうすると回復が早い。

　意外な事もあった。ある頑固なおじさんは息子の治療を拒んだ「何だこの若者、いくつ？　部長を呼んで来い」部長は「この若い先生は腕がいい、ハートもいい、安心してください」息子は傷口を処置した後に、おじさんが言った「なかなかやるな、早いし痛くない」息子を好きになったおじさんは退院の時、息子にお酒を渡して「こ

れ、俺のお礼」と言った。別の患者からもいろいろな野菜、果物、飲み物、お米などを頂きました。部長と相談して、看護師たちにあげました。

息子の練習、研究の結果、平均3時間ぐらいの手術は30分〜1時間短縮できました。患者さんたちは彼を信頼し再診、転移したがんの再手術を頼みました。

息子は研修医になってから家に帰らなくなって、毎年決まってお正月の1月3日の半日だけ家で食事。私は悲しい、これは親離れですか、夫はいつもインターネットで息子の学会での論文発表を見ますが、ある日喜んだ声で言った「見て」息子の記事が働いてる病院のホームページに載っていました。「後期研修医の○○先生は3年6ヵ月の手術症例数が679例になりました」病院紹介の手術の写真の術者も、うちの息子でした。

息子がある大学の博士号課程に入る前に新人が入った。ある病院の院長の息子でした。うちの息子は一生懸命彼を教えましたが、息子が転勤した後に彼はやる気がなくなった「何でたくさんの雑務（手術前の準備、後の管理、退院の書類の作成など）を全部私がするの？　私は手術を学ぶために来たけど」部長、指導医、病院への不満で彼は辞め、手術が教えられませんでした。

転勤先の病院に入り、たった1年で息子の手術の収益は病院でNo.1になった。院長が来て言いました「ご苦

労さん、何か欲しいものある？」息子は「手術の道具」と答えた。病院からは特別ボーナス支給とタクシー乗車券を勧められました。一つの手術の後に院長から電話があり「〇〇患者は私の親戚、あなたの手術を褒めていました。ありがとう」。手術の後の言葉は院長さんの深い信頼でした。どのような患者さんにも最善を尽す。これは医者の基本、息子はそれができました。

　息子は学生の時に国立大学の学年105人の中にベスト10で卒業。医師国家試験の成績は一般問題200点満点中169点、臨床実地問題600点満点中540点、必修問題200満点中194点でした。大学在学中急救サークル、関東大学優秀、水泳部の部長を勤め、大学院に合格しました。

　外科医師になって、1日に3つの手術をする時もあり、食事中、夜中にも呼び出された。ある大地震の日、息子は夜間の宿直、受傷の患者さんは次々運ばれてきて同僚たちも応援に来て50人以上の手術、処置が完了したのは夜明けだった。日中はまた診察。当時生々しい事があった。浴室に転倒、負傷した老人は裸のまま布団で巻かれて搬送された。若い女性は傷を縫合されて泣きました。痛いではない、見た目が悪くなるのを心配してのこと。

　大変な仕事ですが、息子は12時から0時までの移植手術を月に数件参加します。ドナーの臓器摘出は前日か、

夜中に出発、目的の病院に着いたらいろいろな準備をして早朝４時から各病院のチーム、全員が集まって黙とうの後にドナーから心肺肝腎の順で臓器を摘出した後２人は護送。残った１人は遺体をきれいに縫合復元と終了の事務手続きをします。

　移植手術はとっても繊細で長い、途中山場を越えたら術者交換。

　意外な事も発生、せっかく頂く臓器は炎症があるなどの原因で使えない場合がある。逆に移植希望の患者さんは突然の知らせで心の準備ができず「えー、明日移植？しばらくは自分の臓器で頑張ろうと思ったのに」非常に少数の例。そうなると第２の候補者に連絡、移植手術が決まったら担当医の予定した別の手術は延期。脳死判定は法律で数人が２回を行います。

　ドナーが増え待ち望んだ事ですが、困る事があります。連休、交通が混雑の時、ドナーの臓器を取りに行くのが大変。新幹線に乗ると臓器入りの箱は一つの席を取るので囲りの乗客から冷い視線。また飛行機の場合、臓器を入れた手荷物箱は、専用の手術道具を入れるのは許されず、病院からの証明書を見せ、特別許可をもらい、客室乗務員に管理される。

　息子は高校生の時グッドハートという漫画を読んだ。黄金の手、神の手の主人公がいました。

私の心の中に息子はヒーロ、母親である事は幸せ。

　2024年の4月から「医師の働き方改革」が始まった。時間外労働の上限は月に155時間まで認められ、過労死ライン月80時間の2倍、私はとっても心配です。

　夫は秋になると月に2回数キロの栗を煮て、皮を剥き真空をする。それを電車で息子に届ける。2つの大きな保冷袋の中に私の手料理も入れています。私は月に一回、りんごの箱にいっぱいの手作り食料を送ります。豚のスペアリブ、豚すね肉、脂を除去後に煮こみ、骨を取る、牛すね、羊もも肉も調理する前にはさみで脂取り。魚揚げはコロモをつけず、さらにピンセットを使って魚の両側の骨を取る。豚まんの餡は紅焼肉、自家製のトマトソースなど、約30種類の料理は息子と嫁さんの好物。季節によってジャムも作ります。この春、うちの息子はコーディネーターになった。仕事は部長補佐、実務を遂行、彼は30代から毎年全国の学会で論文発表。この数年は主会場で。中国語での診察、治療もできます。

　中国の微信（日本のLine）で小中高校・大学の同級生の「群」グループ、髪小群（幼なじみ）、仕事元同僚の群、友人の群があります。皆の話を見て、たくさんの事を知りました。例えば政府大院、高官の子どもたち、全員はただで一等地の質がいい住宅をもらえた。親が亡くなったら相続税なしで親の房産も子どもの物になった。

進学も優遇があります。六一幼児園、北海幼児園はほぼ上層の孫たち、北京四中、北京師大女附中、北大、清華大の「保送」もあります。

　50代の四合院の女性住民が言った「外省市の住宅は水道、トイレがあるのに、北京市中心の四合院は共同、しかも外、大変不便」、80代の母親は、この年齢で冬、外のトイレへ行くのは恐くて、できなくなった。また遠い公共浴室へ行って体を洗うのも無理、何か月間もシャワーをしてません。

　アメリカ、日本に敵対な話を転送する同級生が言った。「中国は強国だ、困る事はない、外国へ旅行もできる」私はあの人の住まいを知ってる。親と同居する浴室も、洗濯機置き場もない中古マンション。こんな人は中国語で言えば井戸中の蛙、外の世界を知らない者、あるいはネット上の言葉で「愛国賊」だ。おかしいですか？その人たちは日本の商品が好き。

　文革は中国の文化を破壊、経済を後退させ、1977年、中国の人口は世界の五分の一になって、国民生産総値は世界の2％。中華民国辛亥革命の時は4％。それに対して文革好を言う中学の同級生がいます。

日本と中国の違い

　私が日本に来て、一番驚いたのは交通の利便性。飛行

機を降りて、空港の中を数分歩いて電車に乗れる。北京「機場」空港はバスで２駅を移動、更に歩いて電車の駅に着く。待ち時間を含むと30分以上かかります。日本の大きな駅は同じ建物の構内に数本の電車。地下鉄とバスが繋がっていて乗れますが、北京は全部別々、北京駅の長距離列車を下りて外へ出て道路の横のバス停で待つか、階段を降り、地下鉄に乗るか。

　日本ではバスや電車に乗ったら空港まで外へ出なくても乗り換えができる。雨の日も雪の日も濡れる心配はない。北京の駅は建物の中ではなく、道路の横、西単、王府井、前門の繁華街の地下鉄駅は長安街の横。日本の電車、地下鉄の出入口は何か所がありますが、北京は一つだけ。

　安全検査の面もあり、技術的に繋がる事ができない面もある。

　東京では長い、広い、明るい、美しい地下通路、デパ地下、地下図書館、（地下30ｍ、Ｂ６もある）、地下広場、地下倉庫、地下貯水龍宮などあります。北京は公用の地下場はない。前門地区にはひと昔前に作った長い防空地下倉庫がありますが、一般の人は立入り禁止。最近中関村地区は地下空間を作ったそうです。

　北京王府井の百貨大楼、西単商場は地下１階だけ、どこにも繋がってない。長安街の西側、長安翠微、城郷商

場は地下売り場はない。日本の電車、地下鉄は電子表示があり、バスも時刻表がありますが、中国はありません。北京のバスは黒い服の「安警」が乗ります。

　1988年に来日した時、私は日本の店と商品に感動した。たくさんの日用品、衣料品、食品、四季の野菜は一緒に並んでる。玉子と牛乳は中国より高くない。私は日本に来る前に牛乳を飲んだ事がない。80年代前に、牛乳は中国で母乳のない赤ちゃん、金持ちの飲み物。店で売ってない。夕方指定の場所で前の空瓶を渡して、牛乳入りの瓶を買う。高いし、申し込みが必要。90年代、袋の牛乳が市販され、2024年の今も、箱入りの牛乳はまだ高い。

　日本のホームセンタに入って興奮しました。金具、ドリル何でもあり、木材加工もできる。私は80年代の北京の家具作りブームを思い出した。長年、家具を自由に買えないから、人々は自分で作りました。街の歩道、院内、外は作り場になった。互いに道具を借り、遠いところから木材を買い、三輪車で運ぶ、皆一生懸命に作りました。中には工人、教師、研究者、職業はさまざま。あの時代に日本のような道具があればもっと楽にきれいに作れたでしょう。あるいは日本のように店で買えれば、その時間を娯楽に当てられたでしょう。

　2017年、私が北京に帰った時、お店に客がとっても

少なかった。高い商品ばかり、中国の肌着を買おうと思って、西単の各店を囲った(まわ)が見つからない。「飯館」も寂しい光景、豊華園飯庄、全聚徳烤鴨、前門都一処の蕎麦の店内にはたくさんの空席。

　日本の行政のトップは選挙で決めた知事と議長ですが、中国は「四套班子」北京の例、市長、市中共党委書記、北京市人大常委委員長、市政協常委委員長。

　中国中央政府は大都市の市長、省長、党委書記、科学院、有名な大学、98の国営大企業の党委書記を任命。省長は県長を任命の連続。北京大学の1人の博士の調査によると河北省のある県の県長らの四套班子と党の組織部長、宣伝部長の要職は全部親戚同士でした。

　「中国官員級別」は正副国級、省（県）部（省）級、庁局級、県処級、郷科級があります。正副国級の幹部は70名（中央政治局常委の7人、北京、上海、天津、広東省のトップも含まれてます）。

　中国官僚の資産は公開しない。受けた賄賂の内容を逮捕した後に公布。その中の1人は高級マンション70戸以上、大量の金塊、骨董品を所有、二奶（愛人）小蜜（売春相手）が多数。

　日本の銀行は駅前に複数の異なる銀行、支店、商店街、団地の中にも出張所がある。日本の銀行で大勢の人が待つ光景を見た事がない。中国は銀行の種類、支店は少な

い。場所は決まってない。北京のある大手銀行の支店で私は３回、１時間以上待ちました。日本のＡＴＭはカードだけで出入金、振り込みなどができますが、中国では「身分証」（マイナーバカード）が必要。まだ多くの事は窓口で。中国の「存折」通帳、カードはたまに「消磁」されて使えないから、窓口で新しい物を作らなければならない。

　日本の街中、駅の近くに赤い郵便局がありますが、北京で緑色の「郵局」はなかなか見つからない。小包の郵便物は家に配達しない。通知書だけが届き、自分で郵局へ取りに行く。

　中国の医療保険給付は今年変更があります。以前、３割自己負担の上限は２万元まで、つまり２万元以上の医療費は全額自費。変更後、在職者は２万元超の場合４割自費、70才以上の人は２割自費。日本は高額医療費の制度があるから、大手術でも高値の薬でも月に10万円ぐらいの自費で済むのとはかなり違う。中国の高級幹部、軍人、教授などは医療費無料。日本は低収入者、生活保護者は医療費無料。中国の救急車の出動は有料。１回100元から……。

　多くの中国人は大病の場合、不動産を売って治療する人がたくさんいます。ある20代の女性の親は家を売って、50万元（約１千万円）を娘の白血病の骨髄移植を

支援しましたが再発。もう一回移植しても再発。一年後に亡くなりました。

中国の医療は大変恐しい業界です。悪質な医者はたくさんの検査、必要ない投薬を横行。私の内科医の同級生が勤めている病院は「医薬代表」製薬会社の販売員から「薬房」（病院内の薬局、中国では別々になってない）の責任者に現金の謝礼。

旅行の招待を提供、医者は処方箋の金額により報酬をもらう。多い時は給料を超える。一流の病院で働く親戚の外科医の医局に金庫があり、そのお金を医員たちは観光に使うか、別荘を買い、順番に家族旅行で泊まる。

中国のSNSでこんな投信がありました「0屠夫該殺」その外科医は腹痛の患者にウソの病名を付け、数十人の大手術をした。病院と医者は多くの収入を得たのですが、患者は痛み、お金と体は大損でした。

1人の外科医は40代でやめた。理由は患者の顔も超音波、CT、MRIなど検査の結果も知らないのに手術をしました。病院から月々ノルマを課せられ、足りないと給料を減額。

漢方注射液は漢方医が危険と言いますが、西医たちは90％以上の患者に勧めました。

2007年新薬審査、賄賂の罪で薬監管理局長は死刑判決になった。今漢方注射液は児童に禁止。

西医の数千元１支の注射液は検査の結果で有効成分零の場合があります。中国で「創収、増収、収益」は医者の評価基準をする病院がたくさんあります。知り合いは言いました。悪い病院と医者は患者のお金と命を奪う。
　まさか、私の母も気の毒でした。
　ある冬母は軽い下痢で近くの三甲級（最上級）医院を受診した。たくさんの検査が行なわれ、寒い場所で服を脱いだり着たりして、母は疲れて、椅に横になって目を閉じたところ、医者は重篤と言い、ＩＣＵに入れられ、何日間も体は管だらけ、手もベッドに縛られた。私は仕事を休んで、日本から帰国。面会はできないと担当医が言った。私は１日中抗議して一般病室に移動しましたが、心電図はつけたまま。毎日採血、毎日の点滴は朝から晩まで。３週間で２万元ぐらいの費用でした。母は自分で歩いて病院に入ったのですが、病院のせいで歩けなくなり、車椅子で退院しました。腿が弱くなり、数年後母は部屋の中で転倒し骨盤骨折。二ヵ月寝たきりの後、脳血栓で亡くなりました。72歳でした。
　友人の親戚は慢性筋肉萎縮症ですが、生活には何の不自由もありません。久しぶりに病院へかかったら、入院させられ生体活検を含めてたくさんの検査と投薬を受けました。小さい子どもの例では熱は高くないのに軽い咳だけで入院させ、毎日高価な抗生剤を頭部の静脈から点

滴、子どもは泣いて「外へ出たい」と暴れ叫びます。

　北京の病院は大手術の場合数十万元。一般病室はベッドの間にカーテンはなく、食事を運んで来る飯車は大きな器にお粥、ご飯や饅頭、菜が入っていて、患者や家族が食器を持って来ます。食後は自分で洗う。食事の内容は前日に予約する。日本の病棟では患者用の浴室、洗髪場があり、看護師も手伝いますが、北京では普通の病院の浴室は医療関係者が使います。

　2022年2月「掲露がん治療の黒幕」に投稿した張医師は北京の大学医院に解雇された。2年後張医師は、故郷で再就職。

　私の父もこの有名な病院で受害した。前立腺がんと言われ、内視鏡で摘出手術を勧められ、結局は尿道と大腸を切断した。事故と言い、腹部に尿、便2つのストーマを付けた。1年後回復手術を行うと言いました。2年間通院、抗がん治療、検査した後に手術しましたが、元の排尿と排便ができず、苦しんで数年後に亡くなりました。76歳でした。

　中国では介護保険、介護の国家試験と職業訓練がない。養老院の入院料は一般的に3千元から5千元ぐらい。全額自己負担、貧しい農村からの女性職員は自分なりの介護のやり方、嫌いな人はいじめ、ルール違反の老人を一日食事禁止、部屋から外出禁止。

日本の山登りは無料ですが、中国では入山費が必要。日本の国立公園、百名山、観光地の滝などほとんど無料で入れて、無料駐車場も多い。中国の残長城の村も収費停車場を作り、管理人は村の飯館を紹介。有名な観光地は２、３回支払いこともある。一番入場料が高いのは楼蘭古城3200元（約６万円）。本物の遺跡は少ない。そこは雨が降らないのでたくさんの砂の彫刻の作品がある。中国のお寺、道教の山のビジネスが盛行。五陀山、九華山公司は「股票上市」株式上場しました。普陀山、五台山は準備中、茅山道士20人ぐらいの入共産党宣誓の動画がありました。日本の神社の神職、お寺の僧侶は、政党に入るかしら？

　日本の大学は出入り自由ですが、2017年、私は北大を見学した時に身分証を見せ、番号も記録された。今はスマホで顔認識。北大の旧正門は２つの石獅、立派な門と中の宮殿建物、広い燕園。校内を歩くと左は職員宿舎のマンションがあり、定年した老人たちは木の下で座っておしゃべり。右の教学楼（授業棟）へ行くといくつも掲示窓・公示版があり、その内容を見たら、意外に共産党部動と入党宣誓の写真と文章。中国最高学府は学習と学術交流の雰囲気を感じない。大礼堂（会議所）では定年の職員の写真展を開いてました。今、中国の大学は学生に対して社会主義賛成か、共産党を忠実するかどう

かの「表態」を要求、回答をしないと卒業できない、沈黙はダメ。

　北京大学、清華大卒の初任給は１万元ぐらい。

　全国平均は３千元から５千元ぐらい。「北大屠夫」の文は話題になった。北大文系の卒業生は農村の地元に戻り、合う仕事を与えないので、肉屋さんになりました。今は清華大出身の家政婦、博士号持つ「送外売」飲食店の配達者は珍しくない。

　ある理工系大学の紹介を見るとびっくりする数字がありました。学校の共産党党委の下に19の二級党の組織、党支部450以上、職員党員数は2500名以上、学生党員は約6700人、全国の共産党員数は9600万人、党校は7000ぐらい。2024年は１億の党員数になりそう。党員が国家公務員になるのは有利。幹部に昇進しやすい。

　中国の大学はアフリカの国の留学生に学費を免除する上、１年で10万元の高い生活費を提供。更にエアコン付きの個室を与える。ＳＮＳに書き込みがありました。南京の夏は40℃を超え、学生たちの宿舎はエアコンがないから、運動場で寝る、蚊に刺される。

　日本の有名な小、中学校は自由に受験できますが、中国ではほぼ公立なので近くの学校に入学する決まり。この原因でいい学校の周辺の「学区房」の値段はかなり割高になった。親戚の兄弟は一緒に学区房を買い、両方の

子どもは順次その学校に入るつもりでした。ところが定員500人に対して希望入学者は700人を超え、抽選の結果200人ぐらいは「渣校」へ。やっぱり教育過熱の投資はリスクがある。高校生から自費留学の親は以前自慢でしたが、今ＥＵとアメリカは中国に厳しい。高い費用を払ったのに卒業しても就職できず、帰国後も国内ではなじめないから親子共に苦しい。

　日本の小学生は小畑で作物を育て、小動物を飼育、中、高校生はいろいろな部活動で学び、楽しみ、友達を作る。中国の学校は唱国歌、看昇国旗が中心。私が小学生の頃は少年先鋒隊があり、子どもの向上心を使って、積極的に党の話に従う。労働に参加する学生は隊員になり、「紅領巾」を与え、その中に大、中、小隊長もある。三、二、一の紅白袖章を佩帯、文革になって、一律に紅小兵になりました。

　日本の各地に観光案内所あり、無料で地図をもらえる。中国では見あたらない。路上で外国観光客に劣質な旅游図を売る人がいます。東京都庁本館も展望台があり、ひとつの観光地ですが、北京市政府の建物は市中心の台基場から遠い通州へ移転した。低い庁舎、囲りに職員の質がいい住宅、学校、保育園が建てられ便利ですが、北京市民は大変不便になりました。

　日本では小さい公園でもトイレ、水飲み場がある。観

光地の山頂付近にもトイレがある。中国の大都市内はトイレが少ない、手洗い水が出ない。2010年天津の海へ行ったら入海口の川の水は黒く汚れて動かない。山東省青島の海水浴場で泳いだら、水着と体に黒い油が着いたが、冷たいシャワーでは落ちない。

　日本は住みやすいと思いますが、苦しい事は花粉とカラス。夏、窓を開けて寝ると、朝5時ぐらいからカラスのうるさい鳴き声で目が覚める。カラスがゴミを散らかすのはいつも人々を悩ませている。中国ではカラスがあまり見あたらない。文革中、授業停止の男子生徒の遊びは「繃弓」を使って石でカラスを打つ。

　日本の不動産登記簿作りは街の行政書士の仕事。北京では区ごとに不動産管理局があり、大きな建物で広い駐車場と警備員、1階のロビーにある2つの「問答台」の囲りに朝から人が集まっている。2階に行って下さいと指示されたがそこは人が少ない。私は「過戸」名義変更の手続きを聞くと係の女性は自分の爪を見たまま回答しました。日本で私は2回不動産購入でその手続をした、払った手数料は16万円ずつ。

　北京では1回で30万円ぐらいでした。不動産登記の手数料は日本の倍ですが、この20年間北京の住宅、墓地など数十倍の値上げをした。

　北京后海沿岸に高級住宅が建てられ、その中で一番豪

華なのはプーチンの別荘。親族の名義だそうです。楠木の大門が目じるし、と皆が知ってる。その近くに宋慶齢故居、王爺府などの観光地がある。飲食店もたくさん、大きいな重いソファを外へ出し夜遅く営業。

　日本の創業千年の会社６社、100年の会社は３万社、一般の老舗(しにせ)の旅館、商店と会社の三代目、五代目もたくさんいますが、中国ではあまりない。同仁堂などの老字號の店があるものの、経営者は紅五類に変りました。資本家の財産を共産した後に今は高級官僚の富二代ができました。彼らは親の財産を無税で相続、特権も持つ。親と似た要職に就くこともできました。ある人はこう評価した。彼らは貴族を打倒して独裁、暴力統治をした。１人の大学教授が発言した。中国官僚の腐敗はひどい（10年間464万人）が逮捕。人民は何の権力もない。（選挙、監視、反対）官僚の三公消費、官員財産の「不申報」房地産価格の暴騰、国有企業の私有化で極少数人の資産になっても人民は無力。

　日本で企業から官僚接待は禁止、週刊誌で報道されると辞任にもなりますが、中国で会食は問題にならない。「単口相声」日本の落語のような「飯局」（会食）は人気の作品。内容は面白かった。

　日本の各地で車、バイクを自由に買えますが、北京、上海、などの大都会はＥＶ車以外の車が「車牌号」ナン

バープレートを持ってない人には車を売らない。その車牌号は高値で取引されている。車を持つ人は月に7日間しか使えない。

　若い知り合いは車が欲しくて車牌号を借り、車を買いました。月々に車牌号賃を払う。バイクの例は京Aのナンバープレートを売り、20万元の値を付けたそうです。日本のバス、車と電車はピカピカ、北京のは厚い尘、北京の天安門前の長安街で走る大1路、4路、公共汽車は床から地面が見える作り、エアコンはない、照明は暗い。

　中国の米の中に異物があるので「沙米」（洗米）が必要。洗米の時に動きながら少しずつ流し、最後に残した米中の小石を手で取り除く。豆類、緑豆などの異物は食卓の上に広げ、小石、土塊や小草根を分別。中国の生の落花生の皮を剥く時に土の尘が飛ぶ。北京で買った「花生米」はたまにカビの味がするので私は毎年の夏、国産の生の落花生を大量に買って干し、ダンボール6つで保存してゆっくり食べます。落花生は漢方の言葉で長寿果、植物性蛋白質なので体に安全。

　日本の春キャベツ、白菜、セロリの芯は黄色っぽい、おいしそう。中国のは白い。中国のみかんは赤っぽい。大小不均の物はスーパーで売っているので、自分で選んで、店員が重さを測る。北京の大根の形は日本のように揃ってないし、キレイに洗ってない。日本の蒜（ニンニク）は大きく

て白い、皮が剥きやすい。

　日本の鍋は代々で使い続ける物がありますが、中国ではありえない事です。金属鍋の底は薄く、ボロくなって、90年代前半まで鍋「換底」の職人がいました。

　日本の築50年以上の中古マンションのドアでも金属製、ドアスコープ、新聞受けの箱がありますが、中国の多くのマンションのドア材はベニア板。購入者は自分で業者を頼んで防盗の門を安装。床はコンクリートのまま。日本の新聞朝刊は玄関ドアへ配達しますが、中国で新聞を買う場合、多くの人は街角の「報亭」へ行きます。

　日本の首都圏の中古マンションは1千万円前後の物件がある。東京へ通勤ができるし、多くの人の手に届く値段。2022年、北京の築30年以上のある紅楼小区（団地）は大規模な外壁のリーフォムをして、エレベーターを入れて、60m^{2}の部屋の売り出し価格は4500万元、いろいろな手数料を入れると1億円に達します。

　中国の連続テレビドラマ「張大民一家」を見ました。5人家族は北京の四合院、二間の約24m^{2}の部屋で暮らし、兄弟、姉妹が大きくなって結婚の房がないのが悩みの種。一間はカーテンをして奥は兄夫婦、もうひとつは弟、もう一間は母と姉妹の2段階ベッド。兄夫婦は大変な不便を我慢ができないから家の前に建てた厨房用の小屋に住んだ後に、弟はその一間を独占、結婚ができまし

た。けれどその妻は不満が膨み、他人から広い部屋を借り引越した。部屋を貸したオーナーには下心があり、その妻と不倫関係を持つ。

　いろいろなストーリを展開しましたが、なぜ四合院の水道とトイレの不便さが話題にならないのか。私は友達の話を思い出しました。彼女は中国の東北の出身、「日本人は水人、中国人は土人」庶民は衛生への要求はない。住まいがあれば水道とトイレを我慢できる。なるほど私は自我解釈しました。日本の住宅でもキッチン、洗面所、浴室の水まわり、トイレ、洗濯機置場があるのがあたり前ですが、北京の四合院住宅の部屋でもせめて一つの水道があれば楽になるけど…。

　天津郊外の親戚の家、私は2018年に行った時、昔と同じ光景でした。トイレは家院の外、豚舎の隣、もちろん水洗ではない。家畜の糞、人の糞を肥料として出しやすいから、部屋のそばの小屋に上水はありますが、下水は庭に散水、ひどく汚れた水は村に数ヵ所ある大きな小池へ。洗濯機の使用は晴天の日中、庭にある上水を使い、排水は庭へ放流。

　村の外には舗装されたいい道路がありますが、村に入るとデコボコの土の道路。途中雨が降ったから畑を見に行った帰りに泥の路面で滑りそう。にら畑に看板がありました。「韮菜有毒」親戚が言った。それは本当。売り

物だから、自分で食べる野菜は豚舎近くの菜地で育て、車は村中の道を通るのは大変でした。大小の水たまり、車は泥だらけ、村全体は道路と排水のインフラをしていません。

2023年秋、中国のアメリカ、香港に上場した金融、不動産、ネット関連株は軒並み売られ、15年ぶりの安値をつけた。最大8割を失われた公司もありました。ある人物は叫びました。企業、投資家、この大きな損はなぜですか？　我々はだれと一緒にするのか？（ロシアにつくのか、欧米につくのか）。

党の20大党大会代表2296人の学歴は中共中央党校卒417人、北大卒91人、清華卒85人、人民大学卒75人、武漢大卒40人、上海复旦大卒33人……。日本では党校の事を聞いた事がない。1977年以前の学籍は工農兵学員、今の国家主席も1975年に農村からの推薦入学、高考ではない。

2022年の冬、中国人にとって一番怖いのはコロナアプリ「健康宝的弾窓」。黄色、赤になったら公共交通機関の利用不可。買物、公衆トイレも入れない。陽性になった人は災禍が降臨、まずは「流調」を受ける。数日内の行動範囲の場所名、接触した人の電話番号、これを完了後120番の車が来る。「方倉医院」や体育館などの臨時隔離先へ連行。接触した人は一週間自宅待機。外出禁止、

隔離された人は高齢者、がん患者、在職働き盛かりなど様々。被隔離の人に怒りの電話が次々とかかって来る。

Ｇ20「峰会」サミット開催中、夫の自家、北京のある大学の大院は突然閉鎖された。1人がコロナ陽性だから、住民全員ＰＣＲ検査。

清零政策、ゼロコロナで倒産がたくさん、北京の観光名所后海近くの南鑼鼓巷では62の店が閉店。裁員（解雇）された者は大勢。残った人は1人がふたり分の仕事をする。大企業の給料は1万元から8千元へ、新しい採用は35歳まで、給与は5千元以下。

日本の医師会会長は5年ごとに選挙で更新しますが、中国の中華医学会の86歳の会長は数十年間連任。

中国房地産之父、政府の高官は「在多家房企兼職、関連20以上」

日本の輸入ワクチン接種とコロナ患者の治療は全額公費ですが、中国では輸入ワクチンがない。国産痘苗（ワクチン）の接種は約36億回、6800億元（約14兆円）だそうです。けれど国民は不信感があり、多少安全、有効なマカオワクチン（ドイツと連携開発）を接種する為に全国から数千キロ、北京の場合約8万円の費用をかける。年齢によって、1支1202〜1466元、飛行機代は1600元、ホテル料金は3倍に値上げ。それにしても3週間待ち。ある女性の体験談によると、接種後北京に戻

り、40度の高熱。

　３年間のコロナ対策。日本は外出を控え、三密を避けるという言葉がありましたが、中国各地で百を超える政令新語がありました。「該隔尽隔」「悪質帰郷禁止」など、行き過ぎた対策も数えきれない。食品、市街の樹木、北京へ入る車のタイヤもＰＣＲ検査。陽性者が強制で「方倉」へ隔離された後に、その家のベッドを捕殺、家を消毒、施錠された部屋の鍵を壊して入るなどした。中国の居委会主任（日本の自治会長相当）は公務員。コロナ中大活躍。日本の警察署、区役所は別ですが、中国は一緒。名は派出所。

　中国各地で白紙運動が起った後に、政府は大反転。ＰＣＲ検査が緩和した後に中国人口の約８割が感染したそうです。北京にいる私の親戚は、ほぼ全員発熱、せき、全身の痛みが出て、３人が亡くなった。夫の父親は大学の教授と老党員のおかげで入院ができ、死亡の５日後に火葬しました。ほかの人は家で亡くなった２〜３週間を過ぎても遺体の運搬ができない前代未聞の大惨状。３年新冠大都市中心に約100万人が「超常死亡」亡くなったそうです。

　北京の葬儀館は火葬の対応ができないから遠地で火葬する業者が現れました。価格は3.8万元（約70万円）。日本はコロナの中でも一般的な火葬式は25万円、お別

れの花、納棺、仏衣、収骨容器も含まれます。北京の場合は別々、普段5千元以内の収骨容器は8千元になった。

政府は感染、死亡者の数字の公布は停止したが、夫の親が住む大院に数十人「前輩相継仙逝」死亡。1人の同級生が勤める大学の定年仲間の16人が死亡。「3日走了8位院士」、「北大98位老先生去世」記事も、北京の親戚の母親は2022年の中旬、重篤(じゅうとく)の際、娘は日本から帰国、上海郊外で2週間の隔離の間に、上海が「都市封鎖」ロックダウンされ、約2ヵ月閉じ込められ、北京へ帰らないまま母親が亡くなりました。親が亡くなった半年以内に相続の手続きが間に合わないため、相続失効の人がいました。

中国のコロナ患者急増、大量死亡の中、医療関係者たちが頑張った。外科医、産婦人科医、歯医者なども聴診器を掛けて、呼吸器内科の指導で診察と治療を行いました。けれど「新冠特効薬」アメリカの輝端Paxlovidは国の医保が承認しない、医者が処方箋を出しても病院には薬がない、ネットで5倍の値で売られてます。その後北京、上海の大都市で医保が承認したものの、その薬の獲得は難しい。国産の有効薬はないそうです。

後に掲発された事ですが、北京市衛健委主任はＰＣＲ検査の業者から2億7千万元の賄賂を受けていた。

日本の各県、東京都と政府は膨大な約60兆円の資金

をかけて飲食、旅行などいろいろな業界、収入が減った人々に給付金を支給。病院にコロナ治療の補助金を交付しました。中国は医師と看護師だけに「抗疫補助金」を出しました。上海の場合2022年1人6000元。今年政府は新規補助金の交付には条件を付けました。陽性患者を診療する日数、患者の陽性証明、カルテ首頁、診療内容の明細など、1日は半日で計算、面倒な証明資料集めは医者と看護師たちの疲れを増し、反感を招きました。

　中国の農歴（お正月）12月30日（2023年1月21日）の「春晩」。ＣＣＴＶの春節連歓会は厳しい評論を受けた。「80年代皆が見る、90年代選んで見る、2000年代から聴くだけ、今は嫌な人が多い」例年新春のあいさつも変った。「たくさんの人が亡くなったから新春快楽は言わない」、新春安康に変りました。中国の春節は一年で最も寒い三九天。北京は夜、零下20度の気温。私は日本へ来る前に毎年その季節、北京の四合院の家の外で冰冷えの水で洗濯するのでいつも凍瘡ができ、小指が痛痒い。日本の札幌雪まつりの夜の気温はマイナス8度。

2023 失業の潮

　清華大学教授の分析によるとコロナ疫情、パンデミックのせいで、中国の16〜40歳間の都市労働者は約2500万人失業。2300万の農民は仕事がなく、里帰り

しました。合わせて5400万人は職がなくなった。職を探しても35歳までという理由で多くの人が断わられた。今若者の失業率は21％。

　中国の統計は週に1時間を働けば失業ではない（アメリカは15時間）。卒業生は「灵活就業」同意のサインをしないと卒業証明書をもらえない。週に1時間のバイトをすれば就職者。約1500万の卒業生は実に正規の就職ができていないと推測。

　失業の投稿の中で印象深いのは北京大の修士、ＩＴ公司に解雇された後に再就職困難。

　富士康（鴻海）、三星、佳能などの多数の外国企業は中国を離れた。「訂単」受注の件数も約4割減少。浙江省のある工場は20名の募集に300人が応募。月収2300元、10の求人は百人以上が殺到。珠江三角洲、たくさんの工場は「停産放假」。上海、宁波、深圳、広洲の港は空のコンテナが山積み。

　不動産購入の金利は4％から3.7％へ、「首付」頭金は100万元から70万元へ、中古マンションは3割以上値下げ、それでも売れない。車は数割の値下げでも買う人が少ない。人々は高価な消費はしない。2023年前半の統計は企業全体の利益が2割減、6〜8割減の業者もあります。証券の値は底に近い、売買量は6割減少。

格差と財政供養者

　中国の財富の総値は790億万元、国の占有は360億万元（45％）、人口1％の富有層、140万戸、460万人は290億万元（36.7％）、人口9900万の中産階層は110億万元（13.9％）、約13億人は30億万元、総資産の3.79％。

　8000万人の財政「供養者」がいます。内訳は700万以上の公務員、約200万の軍人、1800万の教員、1300万の医療関係者、地方行政、科学、文化、従事者と離休者（高幹部は定年後も100％の元給与と手当がある）。14億の中に労働人口は8億人未満、約10人の労働者は1人を供養、税収の4割を占める。

　中国の貧富の格差は金銭の数字だけではない。国から分配した幹部の高級住宅は無税で家族が相続。定年した幹部の医療、介護は無料、上級幹部は定年後もいくつもの顧問を担当、高額の報酬をもらえる。賄賂受けも可能。

　富豪（資産10億ドル以上）の数は中国が世界一で1133人。第2位はアメリカ716人、日本は14位の41人。2024年、中国の不動産、株、企業価値の下げの原因で2位になりました。

　一方、中国人口の80％は貯蓄が1.5万元未満、「房貸」住宅ローンがある人は8割以上、月収1万元の人は3％、3000元未満は80％。

出生・進学と就職

2016 年　1760 万人が出生。
2022 年　956 万人が出生。
90 年代　100 人に 3、4 人の大学進学率。
2000 年代　10 人に 3 人。
2010 年代　4 人に 1 人。
2023 年　100 人に 60 人の進学率。

中国の出生率の減少はいろいろな原因と皆が言います。給料が低い、住まいが高い、就職が不安定、育児、教育費が高い。赤ちゃんの粉ミルクは不安全、外国より高い、保育園は大学より高い、近年大学の学費は 3 割以上の値上げ。

それでも親は自分の子どもを大学に送りたい。月収 2 千元、年に 5 万元の学費を払った家庭もあります。しかし卒業後就職難が現実。今年、出前大手の「美団」は 6 万人の修士と博士、13 万人の大卒者を採用した。工場で農村の出稼ぎ労働者と同じ仕事、低賃料で働く大卒者もいます。何の為に大学に入ったのか？

政府は大卒者を農村、下郷、返郷、興郷を勧め、一方、収益の高い金融業は、官僚たちの子どもの就職先、平均年収の 10 倍以上だそうです。中国はＩＴ企業の給料が高いですが、出身校、頭脳、能力の要求も高い。競争が

激しい。金融業は人脈があれば入れる、平穏で居られる。

　2023年中国の高収益公司は１位：工商銀行4200億元、２位：建設銀行3800億元、３位：農業銀行3200億元。アメリカはアップル7000億元、マイクロソフト5200億元、グーグル4200億元。中国の株式上場の収益の高い業種は茅台酒、金融証券、保険、房地産業。

　北京で働く人の収入はスーパーのレジ係３千元、地下鉄保安3500元、清掃3000元（住み込み、食事を提供）、タクシー運転手６千元、工場の労働者４千元（12時間、夜勤の時もある）、飲食店員４千元、店長５千元、屋台の出店者１日１万元、中小企業の文員５千元、大企業８千〜１万元、一般公務員５千元、別に住宅手当、ボーナス確保。管理職年収10〜15万元、科長15〜20万元。

医療・保険・年金

　中国の健康保険の支払い額は20年間で20元から600元へ、医療費は毎年２桁の上昇。「１人病１家貧」のことわざがある。心筋梗塞の例で61日入院の場合104万元の病院もある。

　新医保制度は、人によって別々ですが、一般的に、病院で500元以下は自費、定年した人は年4000元以上は自費、在職の人は年に3500元超なら自費。人々は自分で薬を買うことが多いので薬店も過多、北京の繁華街

50メートルで４つの薬店もあった。会員で２つ買うと半額。玉子、油、石けんのサービス品も送る。

中国の「医保」健康保険証は市が発行。上海では四つの色があります。藍色は収入ある人（正社員、派遣社員、アルバイト）、その中に個人の「帳号」口座番号がある。緑色は無職、金色は定年の人、赤は特別人員（国家高幹部、教授など）。地位が高い人は医療費は無料。ＩＣＵで数年を過ごす人がいる。その人の家族はお金を支払わないし、高額の年金をもらうし、病院側も多額の医療収入がある、損なのは保健組織。

中国人民銀行の前会長周小川の発言によると、年金は毎年６万億元の赤字。中国養老金補助金はＧＤＰの10％以下。全国96％の定年者の年金額は月5000元以下、都市の低所得者は月500元ぐらい、農民は500元以下。実事上４億の農民は無年金。

中国の「工薪者」正社員は3.6億人、65歳以上の人は２億９千万人、50代は2.2億人、40代は２億人、30代は２億人、20代は1.6億人、10代は1.2億人、人口の老齢化は明らかに。10年後は１億人の労働者が減少、中国の独身人口は２億人。

貧しい人々

炭鉱の労働者は地下700メートルの危険作業、１日

100元、農業の6倍だそうです。

　出前配達は1時間10件前後、1日12時間の働く。雨、雪の日に出勤しないとクビ。

　出稼ぎ労働者は高架道路の下で寝泊まり。

　70代のおばさんは毎日重い一輪車に野菜を積み、10キロ歩く、1日の売上は260元。

　68歳の老人は朝4時から並んで、「日結工日雇い」をしたいが、65歳までの理由で断わられた。ある人は若い年齢の偽造身分証を使うと拘留、罰金。

　14歳の娘は売春のお金を母親に渡し、家賃を払う。コロナで家にお金もない。食べ物もない家庭。

　路上販売の中年女性と老人を殴る「城管」、商品を没収する公務員にSNSでは「国家養的土匪」と呼ばれている。殴る、殴るの映像を見て、心が痛む。

理不尽な事

　福建省の老農民は仕入れたセロリを売って、14元の収益があった。市場「監管局」は野菜の農薬過量の理由で、2回、共計10万元の罰金。

　1人の農家は罰金を払わないので、家の唯一の交通手段のバイクを没収された後に自殺した。スイカ農家と監管局の相殺事件で両方は死者が出た。

　今年農民工作証が要求された。講議参加費200元、

証件費200元の徴収が目的と皆が言います。

　コロナ不況で都市の路上販売が解禁された。けれど「揺号」くじになった。まず登記してから、押金を払い、毎回多数のはずれ者が出る、早朝から列に並んだのに。

　85歳の母親は戸籍材料が査找不能の理由で大都市に住む娘と同居する「居住証」を不発給。健康保険、年金の支給は困難。

　永定河は北京の母の河、天安門広場から車で30分の河道内、違法な工場、ゴルフ場が多数。

　公の医療費の中に80％の支出先は850万の党政幹部、40万の幹部は高幹病室、招待所、度假村を長期占据。1人の高幹は4年間のＩＣＵ、費用は1千万元を超えた。

　西安市饅頭生産組合の責任者は逮捕された。その罪は生産許可証発放費用の貧汚、業者に高価な小麦粉月600袋使用の条件付き、彼らはメーカからも受賄。

　河南省、5月下旬小麦収割機の通行ができなくなった。原因は大型車輛はいくつもの証件の提出が必要になった。皆知らないので数百台が5日間足止めになった。麦の栽培は約200日。最後の収穫の日は晴天なのに収割機が来ず大雨が降りました。成熟した金色の小麦は倒れて黒くなった。ＳＮＳで不満の言論が増えた後に関係者は収割機に「放行」したけど間に合わなかったと。河南省の農家の収入は激減。

北京では電動バイクが突然、路上検査された。電圧、重さを測るなど、理由を付けて罰金、没収された。

　トラック運転手は叫びました。「我われはどう生きるのか？」新車トラックの使用期限は15年ですが、2022年から8年に変更。8年経ったトラックは走行禁止、強制的に新型車輛を購入させる。約90％の人はまだ車のローンが残っているのに、また毎年一台のトラックの維持費に20万元かかるそうです。日本のトラック運転手は高収入ですが、中国で家族を養うのは難しい。

貧　官

　中国貧官の海外財産はアメリカで約5200億元、オーストラリアで1200億元。

　大連金洲の1人幹部は在官20年間、一族が黒社会を作り残忍な手段で覇権した。奪った銭財は6027億元、一年の軍費に近い、住宅2714戸、愛人140名以上。

　元鉄道部長は工程受注費などで24億元受賄。

　浙江薬監局長の房住は840戸。

　元公安部副部長は6.4億元を受賄。

　地方の県長職を得るのは2000万元かかりそう。

　一つの房地産開発工事は約70の印、100人の承認が必要なので、受賄賂が横行。

　電力副総裁の家車は100台、10億元の収賄。

銀行の元董事長は在職中貪汚百億元以上、毎日40万元の支出は公費で、一つの商談に高級別荘や北京市内のマンションを要求。

　30代の若い貪官の汚職は横領と収賄賂、ある清華大の博士は官になってから工事費の10％をもらい、多量の購房、愛人と婚外子を作った。

　合法腐敗の手段もあります。2007年1月8日の「財経」誌面が国有企業、山東魯能を掲発した。ある官僚の息子は6000万元の貸款である石炭砿を買収、魯能はその砿山を6.8億元で購入、更にその官僚の息子の企業は国企転民営の時、37.3億元で魯能の株の91.6％を関係の公司へ売却、実の価値は1100億元。

　重慶大学法学院教授の研究結果によると、中国の三公消費最高年万億元。8億人社保外、格差世界一、負債率第二、砿難事故世界の80％。

　公務員1元昼ご飯。たくさんの主菜、副菜、高級食材の料理と肉まん餃子、食べ放題の上に、持ち帰りもOK。一家の夕飯おかず、管理職は特権持つ。「包間」別部屋で作りたての料理。

　公費で運営する医院はあの手、この手で「創収」。昨年55名の院長がいろいろな違法行為で逮捕された。2023年中も40名が書類送検、医療機械購入で1600万元の賄賂を受けた院長もいました。

2023年逮捕した中国銀行の元司長は家に3ドン（100元札）の現金を保存。大連の1人の党委書記は所有の不動産「房産証」の数は2700本。2024年、7.7万人の村党支書記、村長は汚職で立件された。

企　業

　中国製造業の十大巨頭は中車（高鉄）、福燿ガラス、海康威士（防犯カメラ）、龍基緑能（光伏、太陽能発電）、京東方Ａ（液晶）、中国建築、守徳時代（ＥＶ電池）、三一重工、海尔家電、華為。

　「央企」のトップ10は中国核工業、航天科技、航天工業、中国船舶、航空工業、航空発電機、兵器工業、兵器装備、中国電子、電子科技、融通資産。納税最多の国営企業は中国煙草（タバコ）。中石化11位、中石油12位、国家電网は15位、通信業は22位以下。

　中国企業の四大天王は保利、中信、華潤、招商局、経営の内容は兵器の輸出、不動産、投資、港湾、運輸などいろいろ。在業者は数万人から37万人。

　中信は今年2万億元の巨額の「社保」年金保険基金を使って、半導体6つの企業に投資した。

　上位国営企業の給与は平均収入の数十倍、管理職のトップは数百倍も、業界の収入の差は世界平均値の43倍だそうです。銀行業の月十数万元に対して、飲食業は

月3千元ぐらい。

中国で新しい三富豪の1位は農夫山泉の鈡睒睒。資産は4650億元。飲料水の業界一になってから「養生堂」の健康食品、「万泰科技」の生物検測、エイズ検査の試薬の生産、コロナのPCR検査用薬など業務は急拡大した。

2位は字節跳動、TikTokは子会社。86年生まれの張一鳴、資産は3358億元。3位はEV電池の宁徳、1960億元。2024年の首富は張一鳴。

以前の三富豪は中国恒大の許家印2900億元、アリババの馬雲2000億元、華為の任正非20億元。

半導体開発の詐欺事件

中国「芯片」集積回路チップの父と呼ばれた陳氏は1968年生まれ。公費でアメリカ留学。1997年、コンピュータ工学の博士号を取得、半導体関連の仕事をした後2001年帰国。

彼はアメリカのチップの表面を打磨して、「中芯Ⅰ号」を印刷、自分が研製した産品だと言いました。

専門家の監定も通過、11億元の経費をもらった。2006年清華大のBBCで偽造者である事を摘発され、中国の半導体研究が12年停滞した。彼は罪があるものの、何の処罰も受けずアメリカへ帰った。

中国の半導体研究、生産補助金は500億ドルを超え

ましたが、2022年、5700の「芯片」製造企業は倒産したそうです。中国が毎年輸入する半導体の金額は石油の1.7倍。今15万の芯片公司があるが、その中には政府の補助金が目的のものがあるかもしれない。

<u>物価は高い</u>

　３年間のゼロコロナの不況で、物の値段は多少下がったが、収入と比べると依然高い。

　住宅は20年間で全国平均約4倍になり、場所によって数十倍のところもあります。教育は約50％の値上げ、金額は国公立は3000元増、私立は１万元増。高速道路の通過料金は世界一と言われています。茅台酒は40年で370倍の値上げ。

　医療は人民の財産を「大剥奪」。上海の医院の場合、7日間の入院で43万元、一日6万元、その中39.4万元は自費。武漢の医院は61日の入院で104万元、哈尔滨にある医院は、１歳児は4日間で55万元、ある人は67日の入院で死亡後に550万元の請求書。

　中国で病院の看護師は治療以外の事はやらない。「護工」を使い、病棟患者の介護をする、１日2000元の自費、看護師は紹介料をもらう。

　中国医院収入最多は鄭洲の医院、年220億元、アジア第一だそうです。病床収入の一位は上海瑞金医院、１

ベッド年523万元、病床数は3139床、一番有名な北京協和医院の年収入は92億元、全国で11位、1病床収入は523万元、全国で第2位。

　薬の利益は10倍から100倍以上も。最も恐しい事は医者の処方箋は収入と連動するので、病院内の薬局は不正が生じる。

　ある人の調査によると、アメリカと比べて、カフェ1杯の値段は人平均収入の計算で米国の45倍、映画一回は12倍、中国製の商品でも米国の値は中国の半分。

　なぜ中国の物価は高いのか？　専門家は言いました。通貨の増加、2022年1年間で26万億元の札が増えた。ドイツ1年間のＧＤＰに相当するそうです。第2は税収の増加、1994年から税収の増速はＧＤＰの増速の2倍。商品税収の内容は増値税、営業税、内税の消費税、所得税など、商品コストの40〜60％。アメリカの4倍、100元の化粧品の例では増値税15元、消費税26元、建設税5元など。商品の運送費用は海外の数倍。

　中国エネルギー商品の値は謎と皆が言います。国内ガソリン小売価格は7元なのに輸出の値は4〜6元。電気代は民用0.62元に対して7年間ベトナムへの輸出契約は0.47元、ベトナム国内は0.56元。中石油は160億元の赤字。その北京総部は豪華な空中プール、その総経理は愛人と公費で成都旅行の時、一回の消費は260万

元など、商品の値段、企業の経費も不透明。

北京戸籍は 200 万元の価値

　外省市から来る人は北京で働くことはできますが、戸籍は与えない。大学研究所、企業の高幹など少数の人が厳しい、長い申査を待てば北京戸籍の取得ができます。北京戸籍持つ人と結婚しても、北京生まれの子どももなかなか北京戸籍をもらえない。

　北京戸籍がある人はたくさんの恩恵があります。

　教育面では安い保育園、小中高校、大学入試は特別枠がある。北京大への入学は外省市受験生より 4 倍高い。一般的な就職は北京人優先。安い給料で働けるのです。よその人は高い家賃で生活費が足りない。住宅、車の購入、医療の面は有利ですが、車のナンバープレートを買う「揺号」くじの抽選の概率は 0.132％、754 人に 1 人。車を持つ人の月の使用日数は 10 日以内に規定されている。

　北京戸籍を持つ、60 歳以上の人は健康診断、公共交通、公園、図書館は無料。貧窮戸補助は月に 120 元、低保 220 元、高齢者支給 65 歳以上月 40 元、70 歳以上 50 元、75 歳以上 60 元、80 歳以上 70 元、90 歳以上 500 元、100 歳超は 1000 元……。

大　学

　日本の大学のリーダーは校長と教授ですが、中国は党委書記がいて行政管理します。

　中国二千数百の大学のトップ10は、北京大学、清華大、浙江大、复旦、上海交通、中国科技大、南京、武漢、同済哈尔滨工業の順。2024年、清華大は世界で13位、東大は24位。

　残念な事に清華大の卒業生は毎年6割留学、80％は帰国しない。年の入学数は3800人、1人の経費は70万元、過大な経費、人材の流失。

　清華大企業の「紫光集団」は3000億の資産から負債2000億元になって倒産。北京大の「方正」は経営不振である保険公司から買収された。それでもその両方のＣＥＯは100億元の資産は保護された。

　中国の大学には985、211の言葉があります。985は最上位の39所、北京は8所、211はその次の116校、北京は26校、上海は10校。北大、清華、985の卒業生でも関係者と党員でなければ政府機関、央企に入れない。

　北京の一等地、車公庄、広い、花園的な大学があります。国家行政学院、中共中央党校。その前を通ると心情は複雑。中国の大学入試試験「高考」がありますが、この大学は違う。学生たちは推薦入学の共産党員。4000年の歴史の中に中国の各朝代は「科挙制」の試験で官を選抜、

商人以外、どんな家庭の出身者でも官吏になれる可能性がある。今の中国では高官への道は共産党員である、推荐と任命。政府系企業は商業、不動業資源輸出、生命保険業などがあります。

　5つの高官公務員大学があります。外交学院、国際関係学校（入学の条件は共青団員、卒業生の多くは政府機構で働く）、北京電子科技学校（中共中央弁公庁直属大学）、消防管理援助大学と上海海関大学。

　中国の政府機関（日本の財務省、文部相など）の内部に4つの正部級、32の副部級の大学、12の正部級、12の副部級の研究所があります。そこで博士号も取れる。

　17の軍校の中で点数が低い大学は、陸軍特種作戦学校、海軍艦艇学院、武警工程大学、武警警官学院。

　公務員は「鉄飯碗」ですが、そのほかの高収入業は煙草業（タバコ）、医師、教師。

　2023年、大卒の失業率は21％、上海交大は11.4％、「灵活就業」のバイトは23％。中国双一流の大学105校、大学院生対大学の比率は約1.4倍。大卒就職難の原因。

教育現場の不祥事件

　ひとつの小学校で30年間在任した女性校長は2億元以上の汚職横領。その内容は、教科書費、食費、学童保

育費、学校校舎修繕費から。別の校長は選校費、教科補習費、校服、「愛心捐款」保護者からの賄賂など。

　ある市の教育局党委書記は貪汚3億元以上。「包養」103名女性教師、3名女性校長、毎日昼寝も18歳の女子学生を「待寝」。

　広洲美術学院の図書館元館長は在職2年の間に143件の名人名画を「掉包」、自らが模倣偽造、「贋品」贋作し、本物は盗み出し販売。約1億元の現金と北京二環内のマンション8戸と多数の銃、弾薬を所有。

　ある大学院の教授は学生の研究論文を企業に売却し利益を得た。学生は抗議したが返事はなく自殺。親は学校の正門で白幡を掛けまだ抗議をしている。

　鄭洲市の国語教師は自分の子どもの教科書の中に間違った漢字を発現、詳しく見ると68ヵ所あった。出版社へ伝えたが返事はなし。彼は他のすべての国語教科書も調べた結果368のミスがあった。名人の生年月日を計算すると15歳しかない。彼は地方、北京などの各裁判所へ22回の訴訟を行ったが敗訴。貯蓄をなくし、借金もした。16年後テレビの報導で出版社は彼に「報謙」謝罪した。彼は拒否した上で言った。早く子どもたちの教科書を直すべき。

　中国の各大学はアフリカ黒人留学生の獲得を力に入れた。その中に山東大学は女子大学生の「学伴」制度を組

織的に実施した。美貌の女子大生を黒人留学生に陪学接待。2016年は1人1女、2018年は1人3女、「学伴庫」も作り、いつも足りるように、この活動は成績と連携し、断ると卒業困難に至るも可能。

このやり方を指揮したのは女性の校長。彼女は財経部研究所で博士号を取得、上海財経大学校長を経て山東大学の校長になった。彼女のこの手段で300人のアフリカ黒人留学生が来た。政府から5900万元の補助金、1人年に20万元、中国で1人の黒人留学生の費用は60万元が必要だそうです。普通の中国人が一生働いでも難しい額。約50万の黒人留学生への費用支出は550億元を超えました。

自分の国で大学の学生が性の奴隷として使われて、女性への人権侵害。人工流産、留学生の子を産むなどの事が発生したから、女子大生の親は山東大学で暴乱を行い、网民たちは「天怒人怨、人倫悲劇」とＳＮＳで騒ぎが起き、2019年は学伴制が終了した。

女子学伴は中国が最初ではない。ソ連（現ロシア）は1960年から同じ事がありました。当時アフリカで独立したばかりの17の国から留学生を得る為に（国連投票に有利）、いろいろな優待を与えた。往復飛行機代の支給、学費、学校雑費の免除、1人日に90ソビエトルーブルの提供、ソ連労働者の日給はその3分の1。医薬、工程

学、航空学も開放。さらに若い女性の学伴もある。これを目当に、4000人のアフリカ黒人が来た。しかし、ソ連国内の不満、留学生の非行、ソ連女性のエイズ感染などの原因で1963年に停止した。帰国した彼らは反ソ連派になった。

未成年者「失踪」行方不明増加

中国では毎年20万の児童が行方不明になっている。その中に幼児売買事件がある。他人の子どもを自分の後継ぎ、働き手にするのは許されない行為。最近の犯罪者は更に残忍で、青少年、少女の臓器の為に彼らの命を奪った。

誘拐の方法はいろいろ、武漢で14歳の男子学生は、ゴミ捨てに出た後、行方不明に。妊婦を装い、助けてと言い若者を自宅に誘ったり、貧しい老人を装い、ラーメン1杯をくれないか？　と優しい若者を「安い食堂」へ誘う。

人々は推測した。青少年は誘拐しやすい。発育も完了、喫煙、飲酒の習慣もないし、絶好の臓器提供者。

闇の臓器売買は心臓75万元、肝99万元、腎165万元、1人誘拐し、その臓器を売ると一軒の住宅が買える。肺、角膜なども含めて。

別に、非法の臓器取得がある。ある女性は健康診断で

一つの腎がなくなった事が発覚した。腹部に手術の跡があるから。全身麻酔であることは事実ですが、カルテには局部麻酔と書かれた。交渉した結果、病院は腎の摘出を否定したが、26万元の和解金を支払った。

　国際医療専門誌は「臓器来源不明」の理由で1人の中国人医者の肝移植論文発表を禁止した。

　中国は移植大国。100以上の医院でその手術を行い、年間30万人の移植希望者、ドナーは5万人以下。ある大学教授は発言した、「臓器の使用に本人と家族の同意は必要ない」これに対して、ネット上に反論があった。「犯罪者はしやすいの恐れ」。

黒龍江省の刑務所

　中国とロシアの国境近くの野原に1949年以後、国民党の戦犯、反革命の地主、富農が送られ、そこに「犯人」たちが住み、耕地を作り、刑務所になりました。

　1957年の反右派運動の後に、数百万の右派が全国から送られた。有資産者、知識人、作者、画家、文化人が多数。1959年には更に6000人の反革命分子が送られ、「犯人」を押送する貨物列車は2日ぐらいかかり、換気がない。兵士が銃を持って監視。犯人の服は白い糸で縫った黒藍色。

　北京大数学科の大学生2人、19歳の政法大学生1人

の反革命分子。60代の男性は実に新中国成立前に地主になったばかりで一生懸命働く、貯めたお金で土地を買った後に、所有権を奪われた。他人が自分の土地で間違った耕作を見て、彼は「このやり方がだめ」と言っただけなのに「攻撃社会主義」の罪で無期刑になった。1人の司法学生は「裁判員は自分の心情で刑期を決める」の一言で十数年の刑。元国民党軍官は「共産党は約束を守らない」という言葉で手足を縛られ、服を脱がされ、夏の河辺に置かれ、蚊に刺され死亡させた。この刑は金砿山で金を盗む人に実施される罰。アメリカは南北戦争の後、敗者を処罰しなかった。

極寒の地で働く犯人たちは、食料難で数十名は餓死した。また刑期満了になった人の多くは元の出身地に戻る事が許されないため、現地の労働者になります。

抗米援朝鮮戦争の損失

1950年に始まった朝鮮戦争で、3年間中国志願軍出兵約130万人、戦死者は18万人。被害の規模は朝鮮半島で数百万人が死亡、離散家族は1千万人とされている。

50年代の始め、中国の国民総産値は155億ドル。世界の1.6％、アメリカは300億ドル、世界の3％以上、当時、中国の軍費は国家財政の42％、戦後の中国軍は

北朝鮮に880の公共施設、4096の堤防、2295の水渠、農業水利3093ヵ所、4万の住宅、385の学校、71の病院、21の発電所を建設した。農村で20万の房屋修繕、700万斤の食糧、500の農具、10万の生活用品と無料の医療を提供した。1958年、中国軍数十万人が撤離、1994年、停戦委員会解散、最後の中国軍帰国、中朝は冷えた状態になりました。

この戦争で使ったソ連製の武器は13億ドル、約30億元の外債になった。軍港を明け渡し、建設材料費と合わせて86億元、返債は1965年まで続きました。お金以外は玉子、豚肉、穀物と稀少金属砿産をソ連へ送りました。私たちの子ども時代は生活が貧しく、極端に蛋白質不足でした。

私たちは小学生頃、この歌を合唱した。
「斉心合力　打敗米国野心狼」
北朝鮮は先に韓国を侵攻してから、アメリカの多国軍が朝鮮半島の戦争に参加したという事実は、私が日本の新聞とテレビで知りました。90年代北朝鮮は中朝国境で核試験、中国は抗議をしませんでした。

周恩来総理逝世の後

1976年、周総理はがんで亡くなった。北京医院で「遺体告別」を行った。過去の国家領導人は広い文化宮、太

和殿で行ったのに、全国人民は不満、人々は勤め先で「設霊堂悼念」を始めた。これに対して中央の精神「不許可」。毛沢東は周総理病重から一回も見舞いに行かず、ソファを送っただけ、外国要人は数回接見したのに、市民には理解ができません。

　清明節の前日４月１日から天安門広場へ花圏（花輪）送りを始めた。北京市委書記は阻止と発言したけど、天安門広場の記念碑周辺、赤い観礼台の中に花圏がいっぱい、２日、３日、４日も人がいっぱい。花圏を送る人、文詞を見る人、多くの内容は総理賛美、四人帮非難、毛沢東影射批判も。

　その中の２人が江青打倒の講演を始めた。江青は文革初期からあちこちで人を攻撃、暴行を扇動。江青の指示で反対者を非常に残忍な、張志新、死刑前に咽切開の処刑をした。演講した一人は逮捕され、どのような刑をしたのかはもちろん非公布であった。

　６日まで置くはずの花輪は５日の早朝に片付けられた。北京市100台、北京の軍の車50輛が出動。収花輪の後に紀念碑の囲りに軍隊の兵士が人壁になった。民衆は花圏を返せと叫び、再び天安門広場（最大容量42万人）に集まった。公安局の宣伝車、広播車、饅頭、肉まんの飯車を横転、四つの車を焼毀、１人の参謀を打傷、指揮所の小紅楼をＬＰガスで燃焼。

毛沢東は言った「又打、又搶、又焼、性質変了」華国鋒と王洪文は鎮圧を指揮。最初は一師、二師出動、20万の民兵を動員するつもりが、実際に出たのは5万人未満。小紅楼で武器、弾薬を奪った20人を逮捕。夜の11時、広場に残った150人を殴った後に逮捕し終了しました。

　毛沢東は共産党幹部になってから35人の秘書を使った。重要な5人の秘書の中の江青、陳伯渠らは文革後逮捕され、江青は死刑判決、秦城監獄の中で自殺。江青はこれまで4人と結婚。毛沢東主席夫人になったのは最後、5回目の結婚。一方、毛は4回目の結婚。子どもは10人でした。

観光地

　広い国土、文明の歴史、中国にはたくさんの名山、大河、世界遺産があります。近年その観光地の過商用化は旅行者を悩ませています。

　四川省の峨眉山は焼香、請佛、写真の3点セットで2000元、開光請香200元、進大殿50元、国凰古城は旅館、駐車場は「乱収費」、4つの小料理で400元。

　悪質な業者もいます。あるところでは5000元の商品購入をしないと車は駐車場から出られません。

　旅行も不便になりました。北京の有名な観光地、故宮博物院、天壇、八達嶺長城、頤和園、明清十三陵、雍和

宮などはネットで事前予約が必要。天安門広場の前に黒服の警備員は約10メートルに1人、広場に入るのは数回の身分証確認、三回の身体・荷物検査。飲料水携帯不可の公園もあります。

　杭州西湖の西側、山の中に元副主席林彪の秘密行宮がありました。1970年建設、79の業者7000人で14ヵ月かけて完成した。当時の費用で3100万元。（一般労働者の月給36元）四棟の別荘の中に壹号館は28500m^2。将軍楼と呼ばれていました。映画館、プール、林の専用日光浴室、すべての地毯は天然羊毛、地下は4000m^2、発電室、供水設備、特別な防水、防毒ドア、エレベーターは寝室とつなぎ、今は壹号館観光用、別の3棟はホテル。北戴河避暑勝地の西山と海水浴場は高幹用の最高級、別墅群は党政要人専用。

　中国パスポートでロシアと北朝鮮への旅行はビザ申請が必要。今年10月、プーチン訪中後、中ロビザ免除。

中国サッカー

　10年余り中国代表の国際試合は負けの連続。2023年対ベトナム0－3、対北朝鮮0－5、対タイ0－2、対フィリピン0－5、対シリア0－1で負けなど。

　「足球」サッカーに関連する官員人数は正処級30人、副処級90人、正科級300人、副科級1000人、高い給

料と豪華な生活と食事、腐敗は深刻、「中国足球協会」主席、総監督（受賂2.7億元、中国代表に入るお金が支払われる）、秘書長、管理部長は全部停職か、逮捕されました。選手の年俸も高過ぎると指摘された。恒大チームの場合、1850万元（約3億円）。李鉄は300万元の賄賂で総監督になった。

　中国人は本当にサッカーが好き。2022年のカタールワールドカップで日本はFIFAランキング9位になって、中国の网民は詩を作り、アジア人の奮闘を祝いました。

　2023年夏、アルゼンチン（出場料700万ドル）対オストラリア（70万ドル）の試合は中国で行った。入場券は1万元。2024年9月、W杯アジア最終予選、日本は中国と対戦した結果7：0。

「砂嵐」黄砂10回

　4月史上最悪の「砂尘暴」は、中国の18の省に到来、見通しがきく距離は500メートル未満の所もあった。大気汚染は最高レベル。世界平均の6倍以上。

　北京の人は「歯、のどの砂は水洗いができますが、鼻の奥、肺は大変」と書き込んだ。

　砂嵐の源はモンゴル砂漠だそうです。近年は羊が急増、採砿場所8000以上、72％の草原は砂漠化。

新華社の10問

土地出让金　農業補助金　200万億元
住宅修繕基金　5000億元
公共交通卡基金　1.8億元
航空発展基金　数百億元
科研経費　500億元
水道、電気、ガソリン附加費、大都市の駐車料金2000億元
高速道路の料金　4000億元
「彩票」宝くじ基金 1.7億元　はどこに行ったのか？
　中国では行政の透明性を調べる窓口はないから、人々は疑問を投げるだけ。

文革前の部級幹部

　1966年、高級法院、人大政協、文化部、社科院など国務院の部級の幹部は513名。文革開始後、毛沢東掌控の中央専案審査で22名は叛徒、特務（スパイ）反革命、128名は継続調査、自殺14名、病死37名の中に迫害死の人もいます、石炭部長の張霖之など。
　1973年、中共十大会議で毛の決定によって江青派の王洪文は中共副主席周恩来派の鄧小平は中央委員に入りました。

紅衛兵の「抄家戦果」

　文化大革命が開始してからの1966年8月、抄家が始まった。全国の都市から3900万人の資産階級を農村へ送り、強制労働、北京は11.4万戸、上海8.4万戸、天津1.2万戸、その中に宣武区丞相（大臣）胡同の六戸も遭難。最も有名な人物は奇跡な明清二朝代の兵部尚書の官、数百年続く名門一族。

　その住み家の抄家で骨董1000万件、金118.8万グラム、現金、儲金、公債券、当時の428億元、大量のダイヤ、ヒスイ、宝石芸術品、装飾品、名人書法字画を略奪、住宅は紅五類入居。

　北京の6843の文化財のうち4922は破壊。毛の時代には140以上の罪名がある。房産主、地主分子、富農、資本家も鎮圧の対象、抄家、労働改造されました。

文革中の受害者

　清華大学（アメリカ人が戦争庚子賠款でもらったお金を使って作った大学）の元校長葉企孫はハーバードの博士です。中国へ戻り、清華大の物理、数学など6つの学科を創設。李政道、楊振寧の物理ノーベル受奨者を育てました。

　文革中の1968年、葉校長は抄家、批闘の後に投獄された。出獄後貧しい生活の中1977年死亡。79名の院

士を育てた功績があり、教え子たちの請願で銅像を作りましたが、寂しい場所に置かれました。

王府大街64号の文聯大楼は文芸報、人民文學、詩刊、劇本、演劇報、人民音楽、曲芸、民間文芸など中国の権威的な刊行物の編集部が所在の建物。文革中すべての編集者と文人が批闘され、地下室に拘留された人もいます。田漢は国歌の作詞者、双膝が土下座させられ地面に頭を押し下げ、長時間批闘されました。「新華書店」は数十年間中国唯一の国営書籍販売公司。文革中の売り物は毛沢東の本が中心。

顧聖嬰はモスクワピアノコンクールの金奨得者。文革中、父親は右派、本人は西洋音楽の演奏家の罪名で数回の暴行を受けた後に、一家3人は自殺した。

張伯駒は銀行総裁の公子、梅三芳と一緒に演出の材子、張は私財を投入。李白の真迹、平复貼、游春図などの書画を購入保存、118件の国宝を故宮博物院へ損贈、有功の名人張氏も文革中財産、房地産未収、拘留、虐待され、夫婦2人は粗末な10m²の部屋に住み、重病の後に病院の8人の大部屋に入院、数日後に死亡した。

新鳳霞と夫の呉祖光は著名な演出家。周恩来総理の要請で香港から帰国、北京で立派な四合院と全套紅木家具を購入した。しかし1957年、呉祖光は右派にされ、黒龍江省の北大荒に労働改造。1966年、高級住宅は無法

占拠され家財がなくなり、20年以上侮辱された生活でした。

周信芳、馬連良は中国京劇の大師。1959年、中共宣伝部、副部長のすすめで海瑞上疏を編集・上演した。1960年、北京市副市長呉晗が書いた、海瑞罷官の新編歴史劇が大好評。

1965年、江青の指示で文化報はこの歴史劇を批判。文化大革命の起爆材料になった。呉、周、馬など大勢の文化人が抄家批闘され、3人はたくさんの迫害を受け死亡した。

南京の歴史学者は文革中「追四旧の知識人」の罪で紅衛兵により高台から推下、死亡させ、収集した貴重な文物史料を燃やされた。

52名の名士が自殺した。無名の受害者は数え切れない。

中南海

中共中央国務院所在地の中南海は明清の時代の紫禁皇城の一部。北洋政府の時、袁世凱、国民党の時、傅作義の後に、共産党政府が入りました。

南から北へ、甲乙丙三つの区が刘分され、毛沢東、劉少奇は甲区、鄧小平と別の領導人は乙区、周恩来と国務院は丙区。甲区は広い上に景点も多い。一般的な乙、丙

区の人が立ち入り禁止。毛沢東は夜間閲読、日中寝るので、その時間帯は車の通行は不可でした。

中南海に住む人は週末に映画を見る。30年代前後の中国映画、インド、ソ連、香港の映画、一般市民が見られない映画でした。たくさんの警衛担当の兵士たちは映画を見る事はできません。

露天プールと室内に温水プールがありますが、60年代から室内プールは毛沢東の専用。更にプールの隣に優稚な部屋が作られ、毛沢東の第二の住まいをプールとつなぐ。

中南海に住む高幹と家族は北戴河海浜、廬山の個人別墅へ休養。全国への外遊、天津の「幹部倶楽部」にも通いました。その豪華な建物の前身は天津のお金持ちの人と外国人の綜合娯楽場でした。内に劇場、広いプール、入浴施設、ビリヤード、麻雀などいろいろ。

長安街から中南海への入り口は3人の兵士門衛、立ち姿は過酷、世界でもめずらしい。

国は貧しい状況なのに

1950年から1976年の間に中国は100以上の国を支援した。

最大の援助国は北朝鮮、1950年から130万人の志願軍を出兵し18万人死亡、7万億元の戦費支出。1953年、

金日成訪中でまた8万億元を支援。1976年、対北朝鮮の石油輸出管道完成、年400万トン可能。

　ベトナム戦争の1961年、32万人が援助に行き、1146人が死亡。すべての弾薬、通信設備、医薬品を提供した。1955年の胡志明訪華でまた8億元。1978年まで200億ドル。その中に食べ物、医療機械、農業、工業用品、基礎建設、軍事関連工場を作り、200万人の陸海空装備ができそうでした。ギリシャに近いアルバニアはヨーロッパとソ連から援助をもらえないから中国を狙いました。1954年開始、中国から100億元超の援助をもらった。この数字は国民1人3850元分、当時中国人の年収は約200元。6000人の技術者も派遣しました。

　アフリカで20の体育館を建設した。中国本土より立派な物もあります。タンザニアとザンビアの鉄道建設の費用と人力はすべて中国から。59人の中国人労働者が死亡した。

　カンボジアに8億カンボジア元を贈与した。

　1956〜1959年、外モンゴルに1.6億モンゴル通貨と8200人を支援。

毛沢東、最後の秘書

　以前の秘書の回顧録によると、毛は学歴が低い。美し

く若い女性を好む。張玉鳳は1944年、黒龍江省生まれ。小学校卒、鉄道餐飲車の「服務員」から1962〜1970年、毛沢東専用列車の服務員、1970〜1976年、毛の生活秘書。1974〜1976年、毛の機要秘書を担当しました。

　毛沢東と江青が分居したから張は毛の「感情寄託」張、毛、江の三人は微妙な関係になります。江は張に物を送るなどごますりして、張は毛に江と会うように説得しました。

　毛は晩年、アメリカのニクソン大統領など外国の要人との会見、毛遠新（毛の姪）への最新指示の伝達、毛の後継者華国峰の面談など張はすべて同行。劉少奇の死、林彪事件、周恩来「追悼会」の不参加、天安門悼周事件の鎮圧など、張は内幕を知っていますが、毛の死後、彼女は一貫して沈黙しました。中南海を離れ「歴史档案館」へ移職の後、本人の願いで鉄道部に戻り、1988年、老幹部局から「退休」定年。

　張の私生活は1967年、鉄道部の男性と結婚、娘2人。長女は今アメリカ在住、次女は北京の産婦人科医。張の待遇は不公開ですが、ある人の本の中にこう書きました。うちの高級幹部住宅の中に張玉鳳の両親がいました。東北の一般労働者の出身ですが、上京していい仕事と住居を政府から与えました。毛の晩年は涙の中の生活。時々痛泣失声（金冲及主編、中央文献出版社『毛沢東』

1949〜1976）より。

中央文革小組と紅衛兵

　1966年6月、共産党員、国家12級幹部北京大学経済学科党委書記、副主任の45歳の女性聶元梓は、炮打司令部という壁新聞を書きました。毛沢東は文の内容を全国に放送するよう指示。江青は清華大学の紅衛兵総部成立大会に参加した。毛は紅衛兵領袖を接見、1966年8〜11月、毛は天安門広場で8回、全国から来た1000万人の紅衛兵に接見した。

　党の大会で毛はその文を引用、聶は大会に列席参加した後に北大文革主任就任。紅衛兵を指揮して、北大の当権者を下台させた。蒯大富は清華大のリーダー。5000人の紅衛兵を領導し、強烈な武闘を展開した。紅2月の1ヵ月で千人を批闘、打死した。数万の家を抄家しました。

　劉少奇、鄧小平が打倒され、各地の党政大権は造反派を握った後、毛は紅衛兵運動を停止するために、工人宣伝隊を大学へ派遣、清華大学で対立が発生、十数名の学生、工人が死亡。軍、工宣隊は増員して、約3万人が7つの方面から清華大に突進した。その日の夜、毛と中央文革小組の林彪、江青、周恩来、康生は5人の紅衛兵領袖を招見した。毛が彼らに言ったのは「だれか、打解放軍、

勧告を無視すれば国民党、土匪と同じ鎮圧」聶は 1968 年から監禁され 1983 年、反革命の罪で 17 年の刑、蒯も 17 年間服刑した。

中国人が知る北朝鮮

　工場勤めの人は 8 時間労働の後に、数時間「意識形態訓練」、水曜の朝は政治学習の会議、金曜の夜は自己批判の会議、人民班長の人は囲りの人を監視、可疑があれば通報。

　北朝鮮の放送は自国賛美、韓国と敵対国の良くない面を拡大する。

　飢貧を忍耐するのは愛国の責任、1989 年から配給が減少、家にある物を食料と交換した後に、人々は脱北を試す。捕まったら頭以外の部位を殴る。中国の犬は白ご飯と肉が食べられる。北朝鮮の医者の食事よりいい。北朝鮮の学生、いつも歌う曲は「私たちが一番幸せ」。34000 の金親子の銅像あり、追悼の回数は忠誠心、男性の髪毛の長さは 5 cm 以内、ジーンズの着用禁止、住宅はすべて党、政府が管理する。高級レストランの洗面台は、水が出ない。

文革指導者の腐敗と文物略奪

　林彪の毛家湾住宅は明代名人毛氏の故居、建物は 11

万 m²、林夫婦は故宮から「借りる」名目で清明上河図など千件以上の字画宝物を持ち出し、自分の観賞用にしていた。

　文革小組の人は故宮と抄家された文物の中に価値の高い物を超低値で「購入」。乾隆皇帝自用、金の懐中時計は 7 元、玉佩は 1 角、ヒスイの彫刻 1 角、全套 24 史 711 冊入りの楠木金絲箱 10 元、宋碑 8 元、北宋の作品、瓷器、玉器など 5738 件、古書籍、字画 47275 件でした。

毛主席が選んだ後継者

　国防部長の林彪は、文革前から計画的に数人の党政要人を打倒した後に、毛の信頼を得て、副主席になり、文革の策画、煽動をしました。1971 年 9 月 13 日、林は毛の暗殺計画を暴露した後、妻と息子と一緒にソ連へ叛逃、モンゴルで飛行機が墜毀、8 男 1 女死亡。

　王洪文は東北野菜農家の出身。中学校の学歴。軍人、工人、1966 年、上海造反派司令、上海党政軍責任者の後に 1969 年、党の中共中央委員。1973 年 38 才で副主席。毛、周に次いで第 3 位。1976 年、毛逝世後に逮捕され無期刑。

　華国峰は工人の出身。職業学校の学歴。毛の故響の党県委書記、副省長在任の時に湖南省の農業と毛の故居、鉄道直通、駅建設に力を入れ、全国の重要文物、革命教

育の基地になりました。

1971年、毛の提名で華は中共中央に入る。1973年の中共中央政治局委員は毛、王の順で、華は9位、鄧小平は国務院副総理。

1974年、鄧は第1副総理。

1975年、鄧は副主席、華は国務院副総理、公安部部長。

1976年、周総理逝世後4月の天安門事件後、鄧は職務停止、華は総理、第一副主席、毛逝世後、華は主席。葉剣英軍委副主席は華と一緒に四人幇の江青、王洪文、張、姚氏を逮捕、判刑、鄧小平は再上台。

1981年、華は主席、総理を辞退、鄧小平は国の核心人物になりました。

最高指導者の料理人

毛主席の食事担当は正副料理長（中南海内毛の家、豊沢園構内に住む）と数人のスタッフ、年長の厨師は西洋のフランス、イギリス、ロシア料理のホテル、中国名菜の酒家に勤務の経験がありました。

毛主席日常の食事は故響の湘菜が中心、小魚、魚の頭が好み。多く食べたのは豚の角煮、けれどその色は「油炒糖」の色、毛はしょうゆを食べない。原因は毛の実家が生産したしょうゆの甕内に白い虫「蛆」が浮いていたからでした。毛の父親は米農家でした。

厳しいところは「要開飯」の指示から料理を出すまで30分以内の規則があり、特別の注文と試作品のおかわりに料理人たちは苦労して対応しました。

毛が信頼した料理人は、新人を育てた後に別居した江青に譲りました。党政の要人たちは公費で自分の厨師、約20名の警備、雑務をする兵士を使用しました。

造反派たちの部屋奪い

1966年の夏、「冲撃革命対象」の名目で北京上海など大都市で広い私有住居は紅衛兵によって「搶房」され、奪われました。持ち主は小、旧、暗の部屋に。その年の冬、「困難住戸造反隊」は2回目の搶房が開始。抄家された私房と空室の公房を占拠して自分の住居にしました。

1967年、上海の最大造反組織司令、王洪文は「房地産一律充公、造反派分配」の命令を出した。1968年「続き収房」の行動として、暴力を舞いの中に私有房地産証を強制的に上交され、上海で26104戸、187.21万m^2の私房を奪われました。

王洪文は他人の豪宅を住み渡し、1975年、上海市東湖路7号、プール、テニスコート付きの超豪宅を自宅に。党中央の副主席になり、北京の要人住まいに入った。個人の映画館もありました。彼は北京郊外に2つ新しい別墅も建てました。文革後の1983年にこの搶房は非法的

の「侵占」とされました。還退房は進みません。

G7広島サミットの写真

中国官房サイトは日本の民衆がG7反対の写真を提示したが、SNSでは4枚の写真が一緒に掲載されており1枚は「峰会」G7の9人が並んで歩く姿、2枚は9人隣合わせて座って話す様子。3枚は中国で同時期で開会した中央アジア5ヵ国の会議。各国の首脳と一緒に歩くのは民族衣裳を着て、髪を高く結った若い娘たち。4枚目は広い広い会議場で遠く分散して座る参加者。

中国とロシア

165年前、清朝の時代、1858年の北京条約で60万平方キロ、1860年の愛暉条約で40万平方キロ、ロシアは中国の領土を奪った。今中国の地図はロシア占八地の中国名を「狋注」している。1938年ソ連は元中国領土の海参崴（ナマコを取る湿地）今のロシア占領地のウラジオストク（統治東方）周辺に暮らす中国人、朝鮮人、日本人約20万人を殺害した。

1946年、ソ連策画の外モンゴル独立条約と合わせて中国は330万平方キロの土地を喪失した。

第2次世界大戦終了の10日前、ソ連軍約150万人は中国東北に出兵後、現地の社会と人の財産を略奪、女

性への性暴力の罪を犯した。約30万人の被害。日本の満洲工業をねじ一つも残さずソ連へ持ち去った。17億ドル相当。

　レーニンの後継者は6人ですが、スターリンはほかの5人を殺した。ソ連の5人元帥の三人はスターリン粛清で殺害、中国の元帥は10人、劉は批判、迫害され、賀彭は迫害死、林は叛逃死亡した。元帥の給料は478元、軍の上層は大将10名425元、上将55名387元、中将75名355元、少将398名310元、上将以上は国から料理人、秘書、警備、専用車と運転手を派遣。

　全面ソ化撤回、1960年以後中ソ関係悪化、ソ連専家は突然156工程から撤離、設計図を持ち去る。残った建築材料費を要求。中国東北の研究所は危険を避ける為に内地へ迁移。清華大、上海交大からモスクワ動力学校の留学生も帰国した。

　中ソ共に上層部は特供がある。ロシアの首都クレムリンには地下20メートルに特供商店があり、値段は外の市場の10分の1以下。金、ダイヤ、宝石、琥珀などいろいろある。

　中国では電気製品を無料分配、良い食料が安い。私の夫が言った。北京の有名な大学では週末に選ばれた美人女子大学生がバスに乗って中南海など高級な場所で高官とダンス、食事、これも一種の特供、高官の新妻になる

人は少なくない。

　ソ連の腐敗は次の通り、官僚たちは市の一等地で住宅の宅地権、名勝地、海浜の別荘を所有。特供の内部商店、餐飲、市場価値の数10分の1、官僚子弟は政府系の学校へ「保送」入学、政府内に就職、住宅、財産の相続税はない。高官の警備費は財政の大きな負担。

　ソ連解体後、ロシアは経済難が原因で26の戦闘機を中国に売却、中国側はドルで代金を支払った。

　1966年、中国の文革中、中ソ珍宝島戦争が勃発(ぼっぱつ)、両国とも死傷者が出た。北京の学生全員がソ連大使館へ抗議デモをした。ベトナムはロシアの支援で中ベ国境で軍事基地建設を計画、騒乱も起こり、中ベ戦争へ発展。中国軍は約8000人が死亡、2.1万人受傷、ベトナムの軍は5.7万人が死亡。

　ロシアで90年代末、中国人聚集の240の商店を略奪され、2006年、十数名の中国商人が襲撃され死亡。2009年、中国商人が逮捕され、商品没収、中華街拆除。遠東地方の中国人が経営する農場は土地租金を高く変更、払わないと賃貸出租停止。

　ロシアのGDPは広東省に及ばない。鉄の全国生産量は河北省ぐらい。

　2003年、中ロ石油輸送工程が中断、プーチン大統領は中ロ友好の為に黒龍江省中ロ国境の1つ小島と大きな

黒瞎子島の半分を中国へ返還した。2011 年、中国側は250 億ドル貸款の前提でロシアより送石油が開始された。

　ロシアのウクライナ侵攻以来、中国に国土の 40％を開放した。ガスを必要な分保障、8 割の外貨貯備は人民元、別に核原料の提供。極東から水の輸出。2023 年 3 月 16 日、北京とモスクワの直通列車が首発した。車部品、建築材料、家電製品、服、布、家具を運送するそうです。河南省の高校卒業生は無料でロシア留学ができる。ロシア駐上海領事館は人募集、仕事の場所はロシアとウクライナの戦場地。

　2023 年 4 月、ロシアは海参崴（ウラジオストク）港を中国に使用許可を出したものの、5 月 28 日愛暉条約 165 周年の日、大きな紀念行事を行った。3 人のロシア技師が逮捕され、中国に超音速ミサイル情報、泄露の理由、航天発動機の技術は中国に提供した疑い。

　ロシアはフィリピンに迎撃導弾を売却した。

　2023 年 6 月 29 日、ロシア主催の「南海合作促進研討会」を開会した。出席国に中国の名前はない。ベトナム、フィリピン、マレーシア、インドネシア、インドも招待された。60 年代からロシアとベトナムは南海で石油、ガスを共同開採した。今ロシア対中国の石油輸出単価は 71 に対して、インドへは 48、インドはロシアに

支給した代金はドルではなくインドの通貨です。

　スターリンは 1937 〜 1938 年、大粛清で数百万人が殺害された。政党の半分、政権の上層、軍官は戦争のない時代なのに、ほぼ全部迫害死。

　中国の毛沢東時代は延安整風、反右派運動、文化大革命、農村での四清、都市での三反五反運動が迫害死の人、農村への強制労働改造の人、1958 年大躍進失敗で二千万の農民たちが餓死しました。ソ連農業、集体化の失敗で 1932 〜 1933 年の間に 700 〜 1000 万人が飢餓死、ソ連真理報は 400 万人と公表。

ソ連対中国、核の脅し

　1969 年 3 月、黒龍江省虎林県ウソリ、江主航道中心線の中国側、中国主権の珍宝島はソ連軍に侵撃された。中国は事前準備をしており反撃の結果、ソ連官兵 58 人死亡、94 人受傷。戦車、装甲車 17 輌被毀。

　ソ連国防相は対中に中程弾道導弾発射のために核弾頭搭載を計画した。8 月 20 日、ソ連の駐米大使は米国のニクソン大統領の国家安全助理のキッシンジャーと緊急約見、意図を伝えた。米国は反対。

　ワシントンの新聞に関連文章が載った。

　ソ連は中国に外科手術式の核攻撃を実施予定、目標は酒泉、西昌、罗布泊、北京、長春、鞍山など。

中国は臨戦状態。企業転軍工、工場は山、洞、散へ配置、当時の中国二汽車製造、今の日産東風は湖北省山の奥へ。険しい山道で車は山谷へ翻落、20人死亡の事故がありました。中国各地、北京市民は総動員、防空洞を掘りました。

　9月11日、ベトナム胡志明の「吊唁」を利用してソ連の要請で両方の代表団は北京空港で3時間半会談。緊張緩和する一方、16日、ロンドンの新聞でソ連記者の文章の中にソ連は新疆の罗布泊導弾発射基地へ空中攻撃、核使用の可能性あると中国に核戦争を威嚇。

　アメリカが3つの阻止の動きをしたおかげで、ソ連は認識した。米国は援中国の用意がある、中国は徹底抵抗の意志が固いと。10月20日、北京で中ソ国境問題談判を行い、対峙は柔いた。

中国の対朝鮮戦争の参戦

　ソ連解体の直後、中国はロシアと交渉。多額のお金をかけて、機密文件のコピーができました。1993年、档案の解密で学者たちが資料を閲覧、研究。中国参戦の経緯を本でまとめました。

　1945年7月、中ソは朝鮮半島の日本軍への対応を話した。太平洋戦争終了後、ソ連は朝鮮進駐、漢城（今のソウル）に到達前、米国は三八線分界南北朝鮮を提案した。

1946年12月、モスクワの会議で、ソ連は金日成を起用、米国は李承晩を支持。1948年末、朝鮮は2つの国に分裂、ソ連撤軍の半年後、米国も撤軍。

　金日成の抗日連合は、日本軍にやぶれた後、金はソ連へ逃亡。ロシア語の勉強に力を入れ、囲りと仲良くなり、ソ連の好感を得た。彼は北朝鮮の指導者になって1949年3月、モスクワを訪問、朝鮮統一を打診。スターリンは未許可。4月、金は中国を訪問。中国軍中の朝鮮人兵士を要求、毛は未同意。

　金のいろいろな働きで1950年1月30日、スターリンは統一戦争に同意した。5月14日、毛沢東も同意。詳細は金日成の元秘書が亡命後回顧録に書きました。

　6月25日未明、朝鮮戦争勃発。4日間。漢城（今のソウル）陥落。アメリカの連合軍が参戦。空中から2日間で朝鮮空軍毀滅。ソ連の軍隊は動きませんでした。ソ連は数千のトラックを送り、周恩来は中国東北に運転手を派遣。

　7月5日、周恩来は中国軍出兵可、ソ連は空中支援すると金日成に伝えた。10月5日、中共中央政治局の会議で中国人民志願軍成立、朝鮮へ発兵。彭徳懐任司令と決定した。ソ連空軍は出動しませんでした。

　金日成は戦前に放言した、南の人は我われの解放、統一を待っている。しかし70年後の今、韓国のＧＤＰは

北朝鮮の60倍、人平均は30倍。今北朝鮮の一般市民の月収は380元ぐらい。首都のスーパーは2軒しかない。広い道路を走る車が少ない。国内の移動には許可が必要。

　中国参戦の一つの理由は1949年7月、劉少奇がモスクワ訪問の際スターリンが言った。中国はアジアの革命を指導、ロシアはヨーロッパを管理。毛沢東は朝鮮戦争で中国の力を世界に示すのではないか？　と歴史学者たちが分析した。

中国対外援助の最多はロシア

　過去4年間、中国対ロシアの援助額は4000億ドル。次はベネズエラ650、インドネシア500、ブラジル110、アフリカ600、中東550億ドル。ケニア鉄道建設支援の例。中国は人を派遣、38億ドルを投資、返済期間は20年の予定でしたが、6年過ぎてもケニアは1ドルも返済しません。中国は大金を投げる一方、天安門から1000mも離れてない北京の四合院住宅の水道、トイレのインフラをしない。

　中米の貿易額は5000に対して、中ロは700、ロシアからの輸入品は石油、ガス、石炭木材が中心。欧米、日本からは精密機械、航天、航空機材、材料、医療設器、高級商品など。

40年の間に対中国への援助の66.9％は日本。1979年以来の総額は2兆7000億円（2900億元以上）。主な内容は、北京地下鉄、首都機場（空港）、4600キロの電気化鉄道。中国の470の大型港の中の60港など。

　対華援助のベスト10は次の通り、1北京機場、2京秦鉄路の電気化改造、3南寧昆明鉄道、4上海宝鋼、5上海浦東国際機場、6武漢長江第二大橋、7北京汚水処理、8中日友好医院、9大同秦皇島鉄路、10北京地下鉄1号線。

　対中援助最多の国は日本、ドイツ、フランス、イギリス、スペイン、アメリカ。最初に対中援助をした国はオーストラリア。

暴雨後の盧溝古橋無難

　盧溝暁月は燕京八景。11孔の橋、全長266.5ｍ、寛7.5ｍ、親子含む石獅は全部501頭。

　2023年の夏、3日間の暴雨で33人死亡、19人行方不明、北京周辺4万5千人被害、12万7千人避難。

　大水害でも830年前に建成された盧溝橋は「巍然不倒」。毀壊したのは盧溝新橋第1（37年前建成）、第2（14年前建成）千億元巨資投入、4年前使用開始の大興国際空港の滑走路は機輪の半分水没。

　暴雨の期間、市民は外出しないけどアメリカ領事館で

若者がビザ申請の列、最後尾は見えない。大変ですが、アメリカへ不法密入国の為に南米でメキシコ人と一緒に国境、死の荒野を行く中国人よりまし。命を落す危険はない。

古都の北京は今、大院乱立

　新政権の首都と決めた北京は30年間冷清の後に、全国から幹部、軍人、文教人員が来ました。都市管理の官僚たちは傲慢な勝利者、建築家の梁思成、林徽因と専家学者の阻止を無視して、城楼、城壁、牌楼、庙、小寺院多数を拆毀、600年の歴代王朝の都が変貌しました。

　皇族礼王府に進駐したのは国務院、順承郡王府は全国政協、醇王府は衛生部（厚生省）慶王府は解放軍。故宮博物院隣、景山公園の後は総参謀部、沙灘后街の北京大学旧址は中宣部、文化部、天安門の西側府右街南口に統戦部。

　北京老城外内、国家の各部委、外貿部、建築工程局、国家計委、建委、財政部、機械部、軽工業部、商業部、物資部、水電部、公安大学、核工業部、兵器工業部、航天工業部、全国総工会、中央組織部、中央連絡部など。

　幹部家族の住宅として三里河、百万庄、二里溝、羊坊店、和平里にマンション群を建てました。大きな大院、軍の大院の中に独立した生活空間、運動場、大礼堂（会議所）、

大浴室、プール、倶楽部、商店、医院、郵便局、儲蓄所、幼児園、小中学校、幹部の級により数えきれないほど食堂があります。計委大院に江主席と朱総理が住んでいた、21の副総理と国務委員が出ました。軍大院の子ども16人が将軍になりました。

　各大院の土地取得は元所有者の同意もない、法の手続もない、申請の面積をそのまま許可。特に軍の大院は広く、いい場所を取りました。80年代末の統計で北京各大院の数は2万5千以上。自大院に囲塀設置、内に建築の高さ、道との距離、様式、色など何の基準もない。私が昔住んでいた場橋、四合院の近く、麻花電台大院の中に高層マンションが建ちました。私の同級生の父親の勤め先は政府系の出版社、豊盛地区の旧豪宅の中でしたが、30年前、院内の立派な房屋を壊し、5階建てのオフィスと住宅になった。林彪の元毛家湾住宅は毛主席著作出版社が入り、院内にマンションを建てた。

　京都の街並みと比べて、北京の胡同と四合院は雑乱。悔しい、残念でたまらない。

不動産の事情

　1956年1月18日、北京四合院住宅について政府は社会主義改造の文件中に「経租房」の政策を打ち出した。1958年、反右派運動の翌年、北京の6000の房屋所有者、

23万間の住宅は国が賃貸の管理権を握り、賃料の2割を所有者へ、8割を国へ。

その理不尽なやり方を「贖買」という名を付けた。同年の（85）87文件でその房地産は国有化になりました。1962年農村の人民公社60条修正案の中に農民の宅基地を集体所有と決めました。

1966年の文革中、「房産証」不動産発記簿は強制的に「上交」され、2割の賃貸料の支払いは停止、不動産所有者は資産階層の理由で農村へ送り、強制労働改造。

80年代、少しの部屋と不動産証を所有者に返したが、条件のいい不動産は依然、国の物。今四合院の中に南向きの大きな部屋は紅五類たちの借方が住み、東西厢房と耳房は農村から戻った所有者が住む。借方は無法で使用権を売り、四合院内乱建、所有者は何もできない。党の16届3中全会は「保護私有財産権の決議を成立したので四合院の元所有者は希望があり上訪した、けれど政府からは解決案を示されてない」。

北京四合院に住む住民は「土著」と呼ばれています。老破小汚い。首都市民なのにその暮しの環境の悪さは想像を絶する。人々は「拆遷」を望んでいますが、今北京市の四合院を壊し新築マンションを建てない方針。「騰退」の提案はあるが実現は難しい。四合院の建て直し費用は高過ぎて、投資する人はなかなか現れない。アリバ

バの創始人馬雲らの富豪は、一等地に高級四合院を建てました。その外観は違和感があります。高さは一般の四合院の1.5倍、地下駐車場を作りました。北京での買地は政府の房管局に巨款を払い、実の土地所有者は一銭も得られない。

　北京の建国初期に建てた集団住宅は質が良くない。そのひどさはＳＮＳで見ました。半地下の部屋は毎夏、雨が流入しカビだらけ。「筒子楼」には各階に十数戸の住民の厨房、トイレは１つしかない。壁には大きな亀裂があって修繕はしていない。

　農村の土地所有権は地主、富農を打倒し、貧しい農民へ、その後国は集体所有しました。あれからの数十年間、「征地」程序の不規化、代金発放は不透明、貧官の巨額な不正収入の源になりました。

　中国のマンション建築量は世界の半分だそうです。千億戸を超え、中国人平均$50m^2$を達したのに、その３分の１は在庫、販売した物も２割は空室。住むより投資の対象になった。不動産税、相続税もないから。日本では頭金なしでも購入できますが、中国では価格の３割の「首付」が必要。日本でローンの返済ができない場合、その住宅を手放せば済みますが、中国では「断供」すれば各名目に手数料が生じ、損失の部分と一緒に払わないと、預儲金と給料から押収（差し押え）。

「爛尾楼」過剰に建築し、売れそうもないマンションの爆破動画は世界中のテレビで放映された。中国のあちこちで爛尾楼を毀したが、昆明市の爛尾楼群は8500の穴を作り、6トンの火薬を使った最大規模の爆破でした。購入した爛尾楼は建築停止。納付金不返還事件が多発、人々の怒りも爆発しました。政府は救済しません。

北京の大学は外遷加速

　郊外の区に転移するのは大興区に首都医科大学、延慶区に北京体育学院、通洲区に人民大学、清華大学分校、昌平区に信息科技大学、北京大学分校、豊台区に中央民族大学、懐柔区に電影（映画）学院、平谷区に中国農業大学。

　外地に遷移するのは河北省の雄安市に北京交通大学。山東青島市に経済貿易大学、中央美術学院、航空航天大学分校。天津市に協和医学院分校。2024年、財政悪化の原因で、半分以上の工事は停止した。

政府系「央企業」の移転開始

　日本の大手商社、民間企業がやっている事業は中国で政府が直営。国務院の管理下98の中央企業本部の多くは北京、例えば石油、ガス、移動通信、機械工業、アルミ業、中国航空、中粮、五砿、中国建築、化工、塩業、

建材、医薬、中国黄金。

部分央企の本部は外省市の上海、河北、武漢、四川などへ移動しました。

中央財政部所属の金融関連機構は27。例えば銀行、生命保険、証券業、中国投資、工商銀行、農業銀行、中国人寿、太平洋保険、信達資産、中央国債登記結算、建設投資。

四合院の家に水道を、洗濯機を使えるように

日本は60年代に三種の神器が売れた。住宅には洗濯機の置き場所を作った。中国では80年代に黒白テレビ、冷蔵庫を買えるようになったが、洗濯機用の上下水道はないので使えない。

20世紀20年代の今、西成区、東城区、宣武区、崇文区と周辺の北京二環内、たくさんの四合院住宅は一家3人、20m² 未満の部屋で暮らし、家の中に水道がない。雨の日は傘を使って室外の水道の水を取りに行く。冬の室内の水缸（甕）に水を貯める。家にトイレない。浴室ない、洗濯機を使えないのは悲しい現実。

国家主席の治国理政の書籍125冊（代筆の物は多いらしい）の販売が始まった。日本と違い、党校、大学、研究所、国営企業の党委は公費で購入、集団で学習。

中国不動産の恒大は49兆円（2.4万億元）の負債、

米国で破産申請しました。米国は中国銀行の資金7000億ドルを凍結した。総裁の許氏は党委書記17年在任、恒大内38の党委、27の党総支、1133の党支部、12075名党員。中国でたくさんの銀行に債務、70万戸のマンションが未完成になっても、十数人の恒大美女歌舞団は解散しない。舞踊観賞以外に幹部は彼女たちに性の提供も要求。要人と交流接待時も使用。

　8月、中国団体旅行解禁後、京都老舗の学見ツアーに来ました。以前の中国ではいろいろな強い老字号がありました。月盛斎の例で200年前の1775年、乾隆年間の創立ですが、56年前の公有化で経営不振になりました。

　経済不景気、地方財政難の中にある農村で宅基地収費が始まった。新中国の法律は「城市土地国所有」購入の不動産は70年の使用権、農村土地集体所有、農民たちは感嘆した。清、民国、日本占領の時には宅基地はずっと我家の物だったのに、なぜ集体の物になったのか？

　若者の失業率は21％。以後、官方の発表はとりやめた。財新の文章によると16〜24歳の失業率は約46.5％、躺平（寝そべり族）、全職子女（専業子ども）、啃老の人たちを含む。農村の県城は60％を超えそうです。北京市・区の房管局は、四合院住宅戸内の水道をやらないから、一部の住民は個人で業者を頼み簡単な室内水道工事

をしました。

中国の民衆が改善したい事

　中国では偉大な人民、すばらしい文化がある。書法（書道）、漢方、瓷器、囲碁、そろばん、水墨画、中華料理、中国建築、武術など、もっと良い国になって欲しいです。

　アメリカへの中国人の不法移民「走線客」は今年約1.8万人、大卒の元公務員もいます。彼らは中南米の不法移民の半分の報酬で使われている。それでも中国より収入が高いという。自由を求める人はお金を気にしない人もいます。

　今、富裕層の子どもたち、大学からのアメリカ留学の費用は160万元、高校からはその倍。卒業後アメリカでの就職は至難でたったの２％ぐらい。中国へ帰国したら日給1万元の仕事もなかなか見つからない。

　新しいＥＢ５の投資移民をする人が増えています。80万ドルを投資、アメリカの地方で10人の雇用ができれば緑卡を発給。投資は５年後徐々に返還。実は甘くない。ある人の経験談によるとお金を支付してた６年後、ビザが発給されたものの、返金の言及はなし。

　40年前から私のような大勢の中国人が家族と離れ（私の息子は当時1歳でした）国を出ました。今、同じ事が続いていますが、出し方はいろいろありました。

国民生活と社会現象

　2024年、中国の苦難が開始。消費降級、就職難、失業人口は約8700万人、房地産業危機、基層競争が過敏。北京、上海など大都市で17歳までの費用は100万元（約2140万円）、世界最高だそうです。

　中国で年金をもらえる資格は15年間の「養老保険」金の納入と法定の定年年齢、男性63歳、女性50歳、幹部は55歳。今60歳以上の人口は2.97億人。年金がある人は1.65億人。年金の平均は3600元ですが、企業出身者は3千元台、「事業単位」勤務した人は5千元台。企業の「代替率」は今、元給料の42％。事業の年金計算は35年以上働いた人は元給料の90％、30年以下は85％、20年以下は80％。農業をする人は3.45万元の保険金を払った人は月に約1650元の年金。別(ほか)の人は月約200元の低保をもらえる。

　農村の人口は4.8億人、農業の年収は3万元前後、出稼ぎ者は5万元ぐらい。都市の正規雇用者は五つの保険納入が義務。支払い額は給料の20％前後。中国の医保参保人数は10億人未満。4年連続減少。保険金は10年間5.33倍に値上がりし、60元から380元になった。給料の上げ幅は2.95倍、2億人の非正規雇用者の参保率は約30％。

中国の税率は増々高くなった。ガソリン税の中に増値税13％、消費税25％。別に城市建築維持費、地方、教育付加税、輸入関税を入れて、約50％。お酒は7割以上の税、タバコは更に高い。

中国人口の中に男性7.2億人、女性6.8億人。男性は3400万人多い、、結婚の「彩礼」額は30〜50万元。都市の結婚は房、車、高収入が条件、これも結婚難、少子化の原因。

今北京では四つの怪現象が起こった。市内マンションの空室率が高い。高校、大学の入学志願者数は年々減少。外地からの出稼ぎ者が減少、交通渋滞が増加。

中国の幸福感

2023年、官方公布した幸福100の都市。第1は杭州、住宅は高過ぎて購入困難。第7位の鄭州、残忍な紅碼事件の市、黒社会恐怖下の唐山も100以内。全国大人気の溜博は100以外。

溜博の焼烤などいろいろな料理が安く質が良い。更に市内駐車場は無料、トイレ開放、鉄道の乗車券で観光地の入場無料、観光地への交通バスも無料、大都市より清潔、全国からたくさんの観光客が来る。その財源で市は千以上の老人補貼食堂を運営。「看病不賺銭、薬品不加价」医療は利益をしない方針、プラス「医保零税収」全国民

の憧れの市。

　溜博の定点、定時の路上販売可の政策は低所得者に優しいですが、政府は不文明の理由で良い市から排除した。

　ある観光地の市はすべての駐車場は市の管理下にあり、料金は高く設定され、警察、裁判所、市と連携して罰金が容易に、観光客の苦情は多い。ＳＮＳで人が発言した。政府は税収、保険金、罰金などで人々からお金を取る事が望ましい、幸福感は別の話。

雑　記

　毛沢東最後の介護担当は元交際舞の同伴、空軍政治歌舞団の出身だが、看護師に転職。ふたりが会った13年後、毛沢東は彼女を指名し、一緒に474日を過ごした。毛の病気は肺炎、白内障、運動神経萎縮症、狭心症。死因は心筋梗塞、83歳でした。

　2024年1月、ＮＨＫの番組で、中国不動産開発のデフォルト債務不履行による建設遅れと工事停止は2000万戸、完成させるには60兆円が必要らしい。今保交楼として購入者に引き渡したのは百万戸ぐらい。まだ中国国内に30億人分の空室があると専門家が分析しました。

　中国収入分配研究所の新しい統計では、月収ゼロ元の人口は546万人、1000元以下は5.41億人、月収3000元以下の人は11.69億人、全国民の83.3％、

5000元以下は94.6％、5000元以上は人口の5％。

80年代、改革開放をしてから中国は大きく発展し、強い国になったが、問題も生じました。貧富の格差が大きい。国民の約6億人は月収1000元ぐらい（約2万円）。北京の人口の91％、2千万人は月収5000元以下。それなのに北京三環外の中古マンションの値は1平方メートル5万元前後。コロナ後の不況で不動産が値下げでも若者のマイホーム購入は3世代6人の貯金が必要。

中国の約5億人は貯金ゼロ、人口14億人の下層、13億人の資産はわずか全体の3.79％、5億人以上の人は水洗トイレを使った事がない。北京一般の四合院住宅、室外の水道は共用で1つしかなく、屋根もない、トイレも共用。北京、天津郊外の農村は土の道路、雨が降れば、村の中、畑へ行く道は泥だらけ。国は早く国民生活第一になってほしい。官僚の資産を公開するように。

都市に戻った知青は肉体労働者が多い、収入が低い、住まいの質が悪い、8割は低消費者。

大卒者の中には、いい仕事を辞めて先進国へ行く人がたくさんいます。外国で苦労して奮闘したが、結果はさまざま。時代のうねりに弄翻された私たちでした。

2024年　北京見聞

冬至の後、私は急に5日間の里帰りをした。理由は、

私の中国の銀行口座が凍結されたから。2週間前、夫が帰国した際、私の通帳を使って出金しようとしたが断られ「本人が来て『開封』することが必要です」と言われました。

　手続きのため、朝早く銀行の窓口へ行くと、私のパスポート、日本の永住在留カードを十数回写真に撮ったり、コピーしたり、担当者が上司のところへ行って相談するなど、煩わしい2時間を費やして完了した。この通帳を半年使わないとまた「封了」かもしれないと聞き、考えた結果、私は翌日「帳号」の中のお金を親戚の口座へ全額送金した。

　この時、北京の変化を感じました。地下鉄の安全検査が、空港のように厳しくなっていた。北京の地下鉄は470の駅があり、ひとつの駅には15人の安検員がいる。1人の年支付は8万元ぐらい。コストは5.6億元だそうです。学校の前では3人の警備員が道具をもって防衛している。

　街の野菜売り場が増えた。コロナが発生した結果、バス乗り場は電子表示板が設置された。街角で新聞・雑誌を売る「報亭」は消えた。スーパーへ行ったら、魚は3種類だけで、タチウオは細く、イシモチの色は日本とは違い、マナガツオは小さい。野菜売り場は広く、カリフラワーは日本の数倍の大きさがあり、四分の一に切って

売られていた。新鮮さはない。ゴヤの表面は平滑で色は薄い。長芋は直径２センチぐらいの細い物。生の落花生は黒く、洗っていない‥‥‥。

　百貨店に行くと、客は店員より少ない。西単の宝石店の金商品が多く、日本より安い。ここで買って隣の銀行に金塊を売る。

　新街口の西安飯店で昼食。デーブルからスマホで注文する。「木須肉」「溜魚片」の味は最高。120元（2400円）。

　私が20年以上住んでいた四合院、胡同の近く、観光地の護国寺周辺を散歩した。大街の入口の左側にある３階の商店はホテルに改造され、今は停業。中国最後の皇帝の弟、愛新覚羅、溥杰と日本人妻、元王妃浩の故居の前で写真「留影」撮影。古い護国寺は新しい壁で囲まれていた。境内に大きな建物を築した。有名な護国寺名物を食べた後に近くの胡同を見た。ゴミ回収場はない。おそらく夕方、指定された時間帯にゴミを出し、回収。

　夫の実家の大学大院に泊まった。そこでは生ゴミの分別、回収は毎日。大院の中に駐車するのは大変で、約30棟の住宅に100台以上の車、駐車場所は定まっていないため自由に駐車している。大学在職の人は月100元、家族の車は月1000元。お客さんは１回４時間無料。大学は関係者以外進入禁止になったが、義妹と一緒にカードで入りました。銅像が立っていました。銅像の人

物は元校党委書記。食堂の前に昼食を待つ定年の教職員たちが日光浴をしながら、おしゃべりしている。11時になったので中に入って１階の学生食を見学した。種類は豊富で安い。肉・野菜３種類で15元（300円）。麺１杯３元（60円）。２階の教職員食堂は多少高いが料理は多い。自分で取るコーナーは重さで料金を払う。一品料理は小皿で、私は魚・肉・冬瓜。義妹は揚げ豆腐・肉野菜炒め・主食はまんじゅう。２人合わせて約60元（1200円）。

　朝食と夕食は店で食べた。お粥３種類・丸い１個のとうふ汁・あんまん・肉まん・野菜まん・「油条」揚げパン・塩煮の落花生など、１回15元。

　北京で工事をする農民工は「瓦刀」を使い壁を削り（塗装前の作業）、彼らは日曜日も休まない。政府は「収房」を始めた。安い値段で不動産業者から売れない物件や、ローンの返済ができない人からの住宅を買い取り、国のものにする。高官の同級生は「維穏」のためにいいことを言いましたが、別の人は「売る人はかわいそう」と思っている。2024年の高校卒業者は1400万人。大学進学を諦める人が多い。

あとがき

　地元のニュースは私の文を3回連載してくれたおかげで、私は日本語で文を書くのが楽しくなりました。今回はいろいろ記録をまとめて「本」にしました。文中の言葉、漢字は中国語のままのものもあります。

　約40年前、たくさんの中国の若者は国を去って外国へ行きました。私は医師の仕事を捨てて日本に来ました。苦労して新しい生活の基盤を築きました。私の息子は医学博士、日本の一流の病院で働いています。だから私は後悔していません。

　この書籍の表紙は北京天安門の西側、南池子胡同内政府所有の四合院の写真、裏表紙の写真は燕園の正門、アメリカ人が作った燕京大学、私の父の母校、今は北京大学。

2024年7月

黄楊

[著者] 黄楊

1957年、北京市生まれ。
農業、道路工事の労働者として働いた後に、北京首都医科大学に入学し、医師になる。日本の慶応大学医学部訪問研究員、医療関連会社に勤務。

私は北京から　知青　新三届でした

発行日　　2024年12月19日　第1刷発行

著　者　　黄　楊

発行者　　田辺修三
発行所　　東洋出版株式会社
　　　　　〒112-0014　東京都文京区関口1-23-6
　　　　　電話　03-5261-1004（代）
　　　　　振替　00110-2-175030
　　　　　https://www.toyo-shuppan.com/

印刷・製本　日本ハイコム株式会社

許可なく複製転載すること、または部分的にもコピーすることを禁じます。
乱丁・落丁の場合は、ご面倒ですが、小社までご送付下さい。
送料小社負担にてお取り替えいたします。

© huáng yáng 2024, Printed in Japan
ISBN 978-4-8096-8722-8
定価はカバーに表示してあります

ISO14001 取得工場で印刷しました